生命的绝唱

基于遗体捐献的新时代生命教育研究

THE SWAN SONG OF LIFE

LIFE EDUCATION RESEARCH BASED ON BODY DONATION IN A NEW ERA

阮美飞　侯曦煜　黄文军　著

ZHEJIANG UNIVERSITY PRESS

浙江大学出版社

·杭州·

图书在版编目（CIP）数据

生命的绝唱 ： 基于遗体捐献的新时代生命教育研究 /阮美飞，侯曦煜，黄文军著. -- 杭州 ： 浙江大学出版社，2023.3
ISBN 978-7-308-23479-5

Ⅰ．①生… Ⅱ．①阮… ②侯… ③黄… Ⅲ．①生命哲学－教学研究 Ⅳ．①B083

中国国家版本馆CIP数据核字(2023)第005759号

生命的绝唱——基于遗体捐献的新时代生命教育研究

阮美飞　　侯曦煜　黄文军　著

责任编辑　赵　静
责任校对　胡　畔
封面设计　林智广告
出版发行　浙江大学出版社
　　　　　（杭州市天目山路148号　　邮政编码　310007）
　　　　　（网址：http://www.zjupress.com）
排　　版　杭州林智广告有限公司
印　　刷　杭州钱江彩色印务有限公司
开　　本　710mm×1000mm　1/16
印　　张　17
字　　数　268千
版 印 次　2023年3月第1版　2023年3月第1次印刷
书　　号　ISBN 978-7-308-23479-5
定　　价　80.00元

浙江大学出版社市场运营中心联系方式：0571-88925591；http://zjdxcbs.tmall.com

序 一

生命的礼赞　仁爱的传承

教育的本质是培养人格，提高生命质量和生命价值。在大力弘扬社会主义核心价值观的新时代，践行"生命至上"的新冠疫情防控新形势下，医学院校开展的生命教育不仅是思想政治教育的重要内容，更是培养守护生命健康技术人才的必修课。

作为浙江省内唯一独立设置的卫生健康类高职院校，宁波卫生职业技术学院在近百年的办学历程中，始终坚守初心，积极践行"敬佑生命、救死扶伤、甘于奉献、大爱无疆"的新时代卫生健康工作者职业精神，着力培养具有"仁爱思想、健康理念、生命情怀、人际和谐"品质的现代健康服务职业人，其毕业生在浙江省乃至全国卫生健康领域的各类岗位上默默奉献。他们凭借着良好的职业素养和专业技能深受业界好评和欢迎，其中不乏获得国家科技进步奖的医学精英，也有医学院校校长、医院院长等业内颇具影响力的行业管理者，更有一大批技术骨干和职业能手。

学校扎实推进校园文化建设与育人品牌的培育。2021年6月，集教学、科研、科普于一体的学校人体生命科学馆隆重开馆，并面向社会公众开放，先后被认定为"宁波市科普教育基地""宁波市生命教育体验馆"，成为省内颇具特色的互动体验式生命教育科普基地。人体生命科学馆和学校教学科研所使用的人体标本均来自遗体捐献。2004 年 10 月，宁波市在全省率先颁布了《宁波市遗体捐献条例》，宁波卫生职业技术学院成为宁波市红十字会第一批遗体捐献接收站。截至 2022 年 5 月 26 日，学校已经接受捐献遗体共计132 位，132 位遗体捐献者均完成了心愿。

生命是短暂的，精神是永恒的。遗体捐献者被尊称为"无语良师""大体老师"。我校病理学退休教师王德尚及其夫人都将遗体捐献给了学校，以另一种方式继续"教师"的神圣职业。王德尚老师在遗书中写道："生命就是奋斗，只有在奋斗中才能获得精神上的享受。生命诚可贵，人生真苦短。我也贪生，但不怕死。当死亡不可避免地降临到我的面前，我将勇敢冷静地面对死亡。"他在遗书中立誓："一是将来万一我意外身亡，可将我有用的器官无条件地捐献给有用的人，我虽死犹生，我的部分器官将活在世上，这是我的生命实实在在的延续，为他人造福；二是我崇尚自然优逝，当我年迈寿终正寝时，请医生停止治疗，更不要搞什么抢救，让我平静安详自然优逝，将我的遗体捐献给医学科学事业。"还有许多像王德尚老师一样默默奉献却又不求回报的"无语良师"，他们用自己的身体教会学生们医学知识，推动医学科研事业发展。在此，感谢所有大体老师无私、无畏、无言的奉献！他们无我利他的美好品质令人动容，他们的勇气和坚持令人敬佩！宁波卫生职业技术学院的师生有责任弘扬"无语良师"平凡而伟大的感人事迹与无私奉献的精神，教育学生传承"仁爱"精神，这将成为我校历史档案库精神篇章内容的一部分，目的是让更多的人体会到生命的无限可贵。

本书的写作可谓恰逢其时。书中收录了我校 51 位"无语良师"的生平事迹，用一个个故事、一篇篇理论来教导我校学生作为医者救死扶伤的真正内涵，时刻提醒学生要秉承"大医精诚之心"，在学业中追求"精"，在道德品质上追求"诚"，全心全意为患者、为医疗卫生事业发展做出积极的贡献；围绕生命和生命教育展开，阐释生命的价值，让读者感受生命的意义及其所迸发出的巨大能量，让学生们学会尊重生命、热爱生命，践行"仁爱、健康"的校训，同时让广大读者对遗体捐献事业有更多的了解，明白奉献的意义，将生命的火炬在社会中传递开来。

正如韩启德院士在《医学的温度》一书中所言："一个人生命的铸成，需要无数生命的支援、补充、滋润和蕴化。一个医者的合格与成熟，需要知识与实践的支撑，也需要与周围人不断沟通互动，建立起共同面对疾病的医道。"生命教育助力学生敬佑生命之重，感受生命之美，领略生命价值。让我们永远铭记捐献者崇高的精神与风范！

刘秀丽（宁波卫生职业技术学院党委书记）

序 二

大爱无疆因无语　大道无垠为良师

现代解剖学之父安德烈·维萨里（Andreas Vesalius）逝世于1564年10月15日。2019年在英国伦敦举行的第19届国际解剖学工作者协会联合会（IFAA）大会上，决定将每年10月15日作为世界解剖日，以此纪念安德烈·维萨里，并让世界各国意识到解剖学在培养卫生科学专业人才方面的重要作用。

恩格斯说："没有解剖学，就没有医学。"

供医学解剖的尸体主要来源于遗体捐献。在医学卫生院校，有着这样一群特殊而高尚的老师，他们从不说话，也从不教医学生任何一种治疗方法，而是安安静静地躺在解剖台上，让医学生在他们身体上切割，反复进行模拟手术训练。这群特殊而高尚的老师就是无私奉献的遗体捐献者，我们尊称他们为"无语良师"。

医学的发展，离不开遗体捐献者的无私奉献。遗体捐献是保障基础医学实验教学的重要途径，也是将人文素质教育融入医学教育的切入点之一。通过遗体捐献可以加强对临床医生的技能培训，进而提高诊疗水平，减少医患纠纷，并促进移植事业的发展。解剖学是从最初的解剖动物开始的，直到1564年，现代解剖学才正式进入科学研究的殿堂，供解剖的遗体来源也逐渐从乱坟岗中偷采发展到以遗体捐献为主，这充分体现了解剖学的发展、医学思想的发展、社会文明的发展。从医学生的学习角度来讲，解剖学是医学生的第一堂专业课，从医学知识的传授上说，遗体捐献者不仅为医学生的专业学习提供了学习解剖的机会，更是对医学生职业生涯的发展提供了非常好的职业教育与思想政治教育。

我们致敬无语良师！作为一名解剖学老师，我致敬所有遗体捐献者！遗体捐献是所有捐献行为当中最无私的一种捐献，捐献者本人和家庭不受益，受益的是那些致力于医学事业的医学生，以及很多因此而脱离病患的人及其家属。曾经一位捐献者在签订协议时说："宁愿在我身上多动几百几千刀，也不要在患者身上错一刀。"大体老师的这种大爱无疆、大道无垠的精神多么值得我们敬佩和学习！

同时我也向遗体捐献者的家属致敬！执行遗体捐献的过程也是一种无私的奉献，超越传统思想的束缚，忍受无法与逝者告别的痛苦，帮助捐献者实现为医学做贡献的遗愿。这些家属也同样值得我们尊敬和感谢。大体老师的遗体与我们的山河同在，与医学事业同在，他们永远记录在医学生的笔记中，永远活在一代代医学从业者的心中。

习近平总书记指出："我们坚持和发展中国特色社会主义，推动物质文明、政治文明、精神文明、社会文明、生态文明协调发展，创造了中国式现代化新道路，创造了人类文明新形态。"[①] 共同富裕是中国式现代化的重要特征，而记载"无语良师"生平事迹的工作，不仅是记录遗体捐献者对医学所做出的巨大贡献和对他们表达深切怀念，更是对以共同富裕为重要特征的中国式现代化这一人类文明新形态的深刻诠释，同时为高质量发展建设共同富裕示范区"打造精神文明高地领域"提供生命教育方面的新型精神示范，更加夯实了城市文明底座，拓展了新时代文明的实践途径。"大爱无疆因无语，大道无垠为良师"的大爱传记将树起城市独特的精神丰碑，传播中华传统仁

---

① 习近平. 在庆祝中国共产党成立100周年大会上的讲话[N]. 人民日报，2021-07-02（02）.

爱文化，弘扬社会新风正气。

　　落红不是无情物，化作春泥更护花。即使绚烂的花叶逐渐凋零，仍以飘零的方式跳出优美的舞蹈，奏上一曲生命的绝唱。本书的理论部分围绕生命和生命教育的时代问题开展涓涓细流般的生命华歌的阐述，意蕴内涵生命的独特、宽广与超越。实践部分收集了"无语良师"们的一则则平凡生命与伟大壮举事迹，是一首首生命的赞歌，将成为新时代青少年们不忘初心、守根铸魂的历史教科书和生命教育的独特教材，也将引领新时代医学生们传承中华民族医学事业的共同情感和理想，传递"敬佑生命、救死扶伤、甘于奉献、大爱无疆"的职业精神火炬。

隋鸿锦

2022 年 3 月 7 日于大连

　　（作者系大连医科大学基础医学院教授、博士生导师，被誉为"中国塑化第一人"，2018 年度国家科技进步奖二等奖获得者）

前　言

宁波卫生职业技术学院前身为创办于1925年的宁波华美高级护士职业学院，在学校师生多年来的共同努力下，办学成效显著。学校被教育部、国家卫健委确定为护理专业领域技能型紧缺人才培养培训基地，承担了教育部高职高专相关医学类教学指导委员会委托的全国康复治疗技术专业教学指导委员会和浙江省教育厅委托的省高职高专医学类专业教学委员会的日常工作。在建设健康中国，积极应对人口老龄化的大背景下，学校主动响应国家战略，服务卫生事业和健康行业发展需要，以培养具有创新创业精神、岗位胜任能力强的技能型卫生健康服务人才为目标，努力打造校域融合、仁爱文化精神传承的特色学校。办学90多年的历程中，学校涌现出一批典型人物和服务团队，他们用实际行动践行了"敬佑生命、救死扶伤、甘于奉献、大爱无疆"的新时代卫生健康职业精神。

2021年6月26日，宁波首个人体生命科学馆开馆仪式在宁波卫生职业技术学院举行，标志着在国内处于领先水平，融人体生命科学知识普及、公众素养提升、专业教育教学、医学科学研究于一体的大型现代化生命科学教育科研基地在宁波落成。人体生命科学馆面积2300多平方米，以1500多件真实人体标本作为基础，借助图片、视频、多媒体等现代信息技术手段，揭示了生命的孕育、诞生、发展、衰老、疾病与死亡等的整个过程和奥秘，展示了人体九大系统的解剖结构，可实现科普、教学、研究、育人四大功能。该馆由科普馆和专业馆组成。科普馆以生命孕育、健康成长、健康生活的生命全周期为轴线，采取标本展示、视频互动、体验参与等手段，通过"生命之初""生命之美""生命之重""生命之光"四大主题诠释生命健康奥秘，普及生命健康知识，提升公众健康素养。专业馆包括按照人体结构九大系统设计的人体标本陈列室、人体解剖数字化虚拟实训室、教学科研一体的解剖工作室、寄托哀思和敬意的无语良师缅怀室等功能场所，是一个综合性的现代化教学科研平台。人体生命科学馆是生命教育面向社会开展专业服务的重要平台，是卫生健康类专业师生和医护专业人员开展专业教学和科学研究的重要场所，也是一个城市进行生命健康科普宣教的重要基地。未来，将把科普馆作为生命健康素养拓展基地、生命健康教育基地，把专业馆作为生命健康教学基地、开展医学专题研究基地。

这所即将迎来百年华诞的学府是一座人才聚集的城池。这所花园般的校园培养了一代又一代卫生健康领域的专门人才。这里有睿智的师长、才华出众的学友、奉献社会的校友，还有一群特殊的"无语良师"教导着一代代医学生。《生命的绝唱：基于遗体捐献的新时代生命教育研究》编撰记录了我校部分大体老师的生平事迹及其相关通讯报道，得到了大体老师家属的支持和授权，还有很多大体老师由于难以联系到亲属获得授权而无法收录其中，期待以后陆续增补编印。

本书是宁波卫生职业技术学院"双高"建设重大项目"生命教育的仁爱文化品牌建设""角膜捐献科普宣教基地建设""基础医学课程思政体系建设"和"双高"建设一般项目"以人体生命科学馆为依托的志愿服务体系研究与实践""人体生命科学馆'生命之花'志愿服务实践社团建设"的系列成果。在本书的编写过程中，宁波卫生职业技术学院副校长应志国教授、基础教研室刘玉新教授及马克思主义学院李一中教授、崔雨副研究员参与了书稿的校审，提出了宝贵意见与建议。同时也得到了宁波卫生职业技术学院人体生命科学馆首任馆长黄金银教授、医学技术学院党总支书记陈国平老师、党委学工部部长王丽老师的大力支持，在此表达诚挚感谢！本书由阮美飞、侯曦煜、黄文军、曾斌、俞影飞、任典寰、裴淑妍、黄诗怡、刘丹、陈小渊、徐金梅、何月英、宋艳柔、潘昕妤及校友刘园园等倾力完成。在大体老师生平事迹的信息收集与编撰过程中，医学技术学院基础教研室的专业老师、实验员老师和学院"生命之花"遗体捐献志愿服务队员提供了很多志愿实践素材。我们团队也学习借鉴了诸多同行的刊登成果、新闻报道等素材，亦对此深表谢意！

本书的出版是宁波卫生职业技术学院全体师生和团队共同努力的结果，书中选用了各志愿团队志愿活动中的很多照片，在此对所有照片原作者表示谢意。

我们也将继续采集编撰大体老师们平凡而伟大的生平事迹，期待广大同仁和读者对本书的疏漏和不足提出意见和建议，这将是我们不断进步的动力。

目 录

PART 1

第一部分

生命的本源

第一节　生命的界定

"生命"——一个让人熟悉又陌生的词语，人们时常将其挂在嘴边，葱郁的草木、绽放的花卉、悠然的鸟兽和人类一样皆是生命。关于生命的外延，我们可以如数家珍娓娓道来。这样看来，似乎所有人都知晓什么是生命。许多人坚信喷涌的泉水是生命，运动的地壳是生命，闪烁的火焰是生命，明灭的星辰是生命，膨胀的宇宙亦是生命……有的人并不这样认为，正如病毒是否可以被视作生命一直在生物界僵持不下，关于生命的内涵，我们难以断言。这样想来，似乎人们仍不能明晰生命究竟为何物。

那么，生命到底为何物，是否有明确的定义？古往今来，不同领域、不同时期的学者不断思索这个问题，试图从不同的视角探寻生命的真谛，为我们揭晓生命之谜。古代的"生命"大多翻译为"活着"，不单代表个体生命一世一代的存活，更指人类群体的薪火相传，繁荣昌盛。现代学者们偏向从各自学科的角度来定义"生命"，其中物理学、生物医学与哲学对生命的研究尤为热衷。

一、生物医学定义

生物医学关注生命体的新陈代谢，认为生命是由遗传物质调控的蛋白质核酸等自组织有机整体，具有代谢、繁衍、应激等综合能力，具有出生、成长、死亡等多重特征。一般而言，生命的结构和功能是完整的，其行为的产生是生命所有部分共同作用的结果。每一个生命系统都在不断与外界环境进行着物质与能量的置换，实现生命的新陈代谢，从物质上维持生命的存续。如蓝细菌——一种单细胞生物，从外界环境中吸收二氧化碳和水，通过光合作用合成糖类并释放出氧气。

从生物医学角度上看，新陈代谢是生命最基本的特征。生物吸收周围环境中的营养物质用于代谢活动，当合成效率大于分解效率，生物质量不断增加，即为生长。若生物个体一分为二，则为繁殖。不管是细菌还是高等动物，个体发育到一定程度后，皆会走向衰老和死亡。

生命不是拥有单一能力的存在，而是具有代谢、繁衍、应激等综合能力的实体。基于此判定，山水、家具等便不属于生命体的范畴。病毒作为一种特殊存在，其本身不能代谢和繁殖，但由于其可以与宿主耦合后通过复制、转录、翻译等生物化学循环而形成新的个体，也被生物医学界视为生命。

二、物理学定义

物理学家们倾向于从能量的角度去理解生命。在物理学家眼中，生命是一种"通过提高外界的熵值来维持自身低熵值"的有机体，这种有机体依靠物质和能量的不断输入来对抗自身熵增的趋势。熵增定律认为：孤立系统中任何自发过程都趋向熵增，当熵达到阈值时，物质运动将会停止，系统将达到无序却均匀的状态。生命的发展亦遵循熵增，生命的生长、衰老和死亡朝着熵增的方向进行，生命必将走向终点。生命不是一个孤立的系统，它可以依赖耗散结构不断与外界进行物质和能量的交换，如狮子捕食牦牛，植物从土壤中获取水分。生命体依靠摄取外界的物质和吸收外界的能量来维持自己的低熵状态。生命自身的稳定意味着外界的熵增，如人类依赖动植物获取物质能量，人类的生长建立在其他动植物消耗或外界能量减少（即熵增）的基础上。即使是将无机世界与有机世界有机结合的植物，其生长也需要不断摄取土壤和水源中的物质，其光合作用的能量来源于太阳核聚变反应或地热等能源。能量增减，熵增熵减，生命得以存续或趋向消亡。

三、哲学定义

哲学家认为运动和变化是生命的本质，从这一角度出发，最广义的生命应该定义为一切不断运动和变化的有形之物。在此定义下，从奔跑的猎豹到运动的星辰以及膨胀的宇宙皆是生命。马克思认为运动是时空的根本属性，一切物体都在不断运动，现代科学也证明了这一观点。狭义的生命观与生物医学贴近，正如恩格斯对生命的定义："生命是蛋白体的存在方式，这个存在方式的基本因素在于和它周围的外部自然界的不断地新陈代谢，这种新陈代谢一旦停止，生命也随之停止，结果便是蛋白质的分解。"狭义的生命观认为生命应具有生长、繁衍、应激和进化等特征，并且以其特有的、开放有序的物质形式存在。在此定义下，仅仅具有单一特征的存在便不能被视为生命，如火山、泉水、星辰便不再属于生命的范畴。在哲学视域中，不管是广义还是狭义的生命，人类都因其独有的精神属性与社会属性，被视作最为独特的生命。

四、人类的生命

文学大家沈从文曾说道："每个活人都像是有一个生命，生命是什么，居多人是不曾想起的，就是'生活'也不常想起。"沈先生此处的生命特指人的生命，也是此书所着重描绘的生命。自人类出现起，就展现出有别于其他物种的特征。哲学家帕斯卡认为人就像一根苇草，可以视作自然界极其渺小、脆弱的存在，但人是会思考的苇草，拥有囊括宇宙的思想，在某种意义上人显然高贵于其他物种。

在我们可知的范围内，人类既是自在生命，又是自为生命。所谓"自在生命"，就是完全受到环境支配的生命。"自在生命"体现出人类生命的脆弱与渺小，这解释了我们在不可抗的自然灾害面前无能为力的缘由。作为特殊的"自在生命"，人的结构、功能等都展现出与其他生命不同的特点。意识的存在使人具有主观能动性，从而使无意识的活动转变为有意识的活动，将自己与其他生命体区分开来。人类有别于完全依赖环境的他物，可以根据自己的需求有意识地对环境进行改造，做环境的支配者，这便是"自为生命"。对于人类来说，"自在生命"是自然属性，"自为生命"是社会属性，是人类能动性的体现，是人类实现超越性的基础。

人的自然属性属于生物学范畴。人类在结构、功能、属性等方面虽然有别于其他生命，但依然属于动物。人类的生长是物质和能量流动与积累的过程，需要遵循自然规律。每个人都会经历生老病死，有本体的生物本能，这都是人类自然属性的体现。

人的社会属性属于社会学范畴。人是一种社会性动物，与其他动物截然不同。其他动物是在自然选择和基因遗传中逐渐形成一种分工明确的生活习性和行为习惯，它更多的是一种自然意义上的生活方式，具有很强的稳定性。而人类社会的形成是人有意识地构建，包含了人类的主观能动性，并不断地发展。马克思说，一个人的本质是一切社会关系的总和。人与人之间通过社会劳动紧密联系在一起，进行物质的交换和意识的交流，形成了庞大而复杂的人类社会。

人的精神属性属于哲学范畴。生命的最高价值在于人拥有独特的精神，精神是生命存在最高、最本体的价值。只有人才能超越本能，确立人格自我，能够有意识地主宰和驾驭自己的生命，实现自我的意志和目的，进而把有限的生命引向永恒和无限的意义境界。人的生命存在归根到底要追求道德高尚、信仰坚定、灵魂丰富、精神升华。人的精神属性与社会属性密不可分，每个人都需要在社会中不断地实践与思考，才能超脱现实环境，实现精神的富足。

第二节　生命的源起

一朵花只能盛开一次，生命的发生类属或然事件，是自然的恩赐。关于生命我们总有些难以言说的困惑，生命源于何处，需要历经怎样的淬炼，又将归落何处？生命是自然的奇迹，它像一段奇妙的旅程，也像一则生动的故事，更像一张错综复杂的网络。关于这个奇迹的构成，这段旅程和这张网络是否相互影响？彼此是否存在能量互换？是否还有不为人知的化学反应？生命的潜能发挥是否有不可思议的想象空间？灵魂生命是否存在？我们难以给出令人满意的回答，生命本身也需要不断探索与学习。生命起源是科学悬而未决的谜团，让我们一起探索生命的起源与演进，揭开生命的面纱。

一、神话起源

人类还以部落的形式存在时，就开始思考本我以及世界的起源。在认知匮乏的时代，无论是我国还是其他各国都曾经历过蒙昧与无知，只能将种种难以解释的自然现象归因于"神"，坚信生命来自神祇并诞生了大量神话传说，"神创论"成为古时极具统摄力的学说。中国女娲造人的故事广为流传，澳大利亚把庞德杰尔视为创世的神，希腊则认为是普罗米修斯和雅典娜女神共同创造了鲜活的人类，在埃及流传着万能之神苏比的传说，欧丁、乔奥克分别被视为日耳曼和印度的造人之神，基督教的上帝耶和华与亚当、夏娃的伊甸园家喻户晓。众多传说中极具影响力的当属中国的"女娲造人"以及西方的"亚当与夏娃"。

西方神话中，生命是由神创造的。如《圣经》中，上帝不满无尽的黑暗，便创造了光，有了昼夜交替；次日创造了空气；第三天创造了水、陆地和草木；第四天创造了太阳和月亮，造就了满天星斗；第五天创造了鸟和鱼，占据天空和大海，又让大地布满野兽和昆虫；第六天创造出亚当，管理万物和走兽；第七天创造了女人，并将其命名为夏娃。这样，亚当和夏娃便成了人类的始祖。

在东方，也有盘古从混沌中苏醒开天辟地的故事以及女娲造人的传说。《三五历纪》《述异记》《山海经》等书对盘古开天辟地的故事皆有记载，故事内容大同小异。不外乎盘古抢斧，劈开混沌，轻而清的东西缓缓上升变成了天，重而浊的东西慢慢下沉变成了地。盘古头顶天，脚踩地，天每日升高一丈，地每日下沉一丈，盘古也随之长高。开天辟地后盘古累倒，其呼出的气息变成了四季的风和云，声音变成了雷声，双眼变成了太阳和月亮，四肢变成了大地的四极，肌肤变成了大地，血液变成了江河，汗水变成了雨露，毛发变成了草木……

继盘古开天辟地，抬头有了日月星辰，脚下有了草木山川，世间有了飞禽走兽。随后，女娲仿照自己用黄泥和水捏出了一些泥娃，并将其命名为人。藤条挥洒间，大地上便充满了人类的气息。创世女神为了不让人类消亡，分出了男人和女人，赋予人类结合繁衍的能力使其得以存续与发展。

神话反映了蒙昧时期人类对于生命起源的想象，代表了古时人类的精神气魄，现已成为人类文化中不可或缺的组成部分。

二、化学起源

生命来自神之手的说法一度被人类奉为圭臬。直到1859年达尔文发表了《论依据自然选择即在生存斗争中保存优良族的物种起源》（简称《物种起源》）一书，生物进化论开始深入人心。全书结合胚胎学、生物学、地理学、形态学等学科的相关学理，论述了生命是自然选择的结果，证明了神造论与物种不变论的荒谬。生物进化论认为生命伴随着遗传变异与优胜劣汰，不断由简单走向复杂、由低级步入高级。根据生物进化论可知，地球上所有的物种都源自相同的神秘先祖。既然神创论和物种不变论已被推翻，那么紧接着便是关于人类共同先祖的探寻。随着自然科学的进步，人们对生命的探索不断深入，关于生命起源合乎逻辑的假说可归为两大类："化学起源说"和"宇宙胚种说"。

"化学起源说"认为生命是从无机小分子发展成为有机生命体。此起源可分为四个阶段：第一阶段是无机小分子生成有机小分子；第二阶段是有机小分子到生物大分子的聚合；第三阶段是生物大分子组成多分子体系；第四阶段是多分子体系逐渐形成原始生命。在这个过程中，有漫长的时间积累，也有偶然性事件交叉其中。无机小分子到生命体的跃变并不简单，每一个生命的背后都是几十亿年的时光。

原核微生物出现后，生命的演化开始加速。从原核微生物到如今的多细胞复杂生命经历了四个阶段，分别为真核细胞的形成，有性生殖生物的出现，细菌共生体的形成，以及多细胞复杂生物的诞生。因此，由细菌进化来的真核细胞，构成真核生命的基础单元；真核细胞的分化形成了各种形态、结构和功能不同的细胞组织；多种组织按特定顺序联合起来，具有了特定的功能，形成了器官；多个器官进一步有序地结合，共同完成一项或多项生理活动，形成了更复杂的系统。由此，以真核细胞为基本单位，由组织器官系统构成有机整体，复杂的多细胞生命就此诞生。

三、宇宙起源

合乎逻辑的第二类假说是"宇宙胚种说"，该理论颇为超前，认为宇宙中生物的先祖来自外太空，来自陨石、彗星，或是其他，随后生命出现在地球并繁衍昌盛。1969年，一颗携带了罕见氨基酸的陨石坠落到澳大利亚，在科学界掀起了轩然大波，"宇宙胚种说"获得了有力的支持。通过同位素检测，其年龄为46亿～70亿年，科学家们据此猜测，存在多种形态的生命散布于宇宙中，借助小行星和流星在宇宙中传播和繁衍。宇宙中的生命无须各种苛刻的环境，而是在休眠中等待合适的时机，遇到合适的环境就开始活动与进化。因此，也许只是宇宙生命偶然降落到地球上，才点燃了地球上的生命之火，随后生命在地球上开始了不断地繁衍和进化。

四、人类起源

在生命演化史上，人类的演化永远是其中最璀璨的明珠。科学界普遍认为人类起源于非洲，400万年前非洲的南方古猿（早期猿人）是现代人类的祖先。经历了数百万年的发展与进化，由南方古猿发展而成的智人从非洲迁移出来，取代了亚洲的直立人和欧洲的尼安德特人，逐渐进化为现在的人类。其中可大致分为五个阶段，分别为南方古猿阶段、能人阶段、直立人阶段、早期智人阶段以及晚期智人阶段。无论是体能存在先天劣势的南方古猿、脑容量与生存能力剧增的能人，还是善于使用天然火的直立人，抑或是会将逝者进行埋葬的早期智人、喜爱雕像和洞穴作画的晚期智人，都为人类的进化史谱写了神奇而美妙的生命华章。

现代人是晚期智人的直接后裔。经过万年发展，社会形态已经趋于完善，绝大部分国家已经步入资本主义社会，另一部分国家正在建设社会主义。现代人时期，物质基础丰富、意识形态完善，在各个领域都有着较高的成就。现代人有别于地球上其他物种的独特性在于其非凡的智慧、高度社会性以及独特的精神性。现代人继承和发展了独特的人类文明，包括科技文明和精神文明。人类通过自身的聪明才智不断地改造这个世界，一方面，更加深入地挖掘自身的潜能；另一方面，不断探索周遭的世界，踏上了探索星辰大海的新征程。

第三节　生命的特征

特征是用来描述概念的，指某物区别于他物的特点。一般来说，生物全体或近似全体所存在的共同特点称为生命的特征，如自我更新、应激反应、遗传变异、生长发育、自身繁殖、新陈代谢等皆可视作生命的特征。鉴于生命教育的对象特指人类，故此处所探讨的生命特征专指人类的生命特征。《尚书·周书·泰誓》中有言："惟人，万物之灵。"人类作为万物之灵，拥有智慧与无尽的创造力，相比其他生物更加丰富多姿。作为高级动物，人有着生物性、社会性和精神性。生物性是人存在的前提，社会性是人存在的基本方式，而精神性是人超越动物的根本原因。人与动物的区别在于其高度的社会性，马克思认为，人的本质是一切社会关系的总和。人类的社会性不同于社会性动物，靠环境选择和遗传得来，而是一种有意识的、发展的社会意识。生物性、社会性与精神性这三种生命属性对应着人的自然生命、社会生命、精神生命这三种生命的存在形态。作为自然生命，人类在自然环境中生存和发展；作为社会生命，人类共同构建出蓬勃发展的人类社会；作为精神生命，意识帮助人突破自身限制，在有限的时空里追逐无限的真理。丰富人的自然生命、完善人的社会生命、涵养人的精神生命是生命的理想状态。人类生命的属性赋予了人类各种生理特征和精神特征。下面将对这些特征展开针对性的探讨。

一、有限性

每个人不可避免会与死神相遇，生命是有限的。生命的有限性首先体现在存续时间的有限性。宇宙就像单行道，不能走回头路，单维的时间便是最有力的证明。我们不可避免地要目睹时间的流逝，过去、现在、未来，生命不约而同以不同的速度朝同一方向前行。作为时间轴上极其短暂的一段，从第一声啼哭到无止境的长眠，这便是我们的一生。"死生，命也，其有夜旦之常，天也"，死亡是所有生命的归宿，生老病死是大自然的规律。生命的有限性还体现在肉体的有限性。"天有不测风云，人有旦夕祸福"，生命的存续有极大的偶然性，人生无常，无法逃脱生老病死，谁也不知道明天和意外哪一个先来。一个人不论生前何等风光，死后也不过是黄土一抔。生命转瞬即逝，所以在有限的生命里，请尽可能地爱惜自己。人的精神也是有限的，谁也不能摆脱群体单独存在。任何人都需要他人的理解和关怀，渴望爱情和友情。毋庸置疑，生命的有限性是人类生存的基本事实。

生命之长有限，生命之宽可拓，精神可以永存。活着绝不限于果腹与眼前的苟且。渴望飞翔，人类发明了飞机、火箭；向往大海，人类学会了造船远航；碍于身体的局限，人类实现了工具外化，发明了工具开始改造世界……正是因为生命的有限性促使人类走向超越与无限。古人云，吾生也有涯，而知也无涯。人类的使命就是以有限的生命去探索无限的宇宙，努力地为人民服务、积极地奉献社会。

二、独特性

每个人都是独特的存在，世上并没有完全相同的叶子，更不可能存在完全相同的人。生命的独特性首先体现在生命的唯一性上。唯一性是生命主体区别于其他客体的鲜明特征，在生物特征上表现为每个人都拥有独一无二的DNA、笔迹、步态等，在社会特征中表现为独一无二的社会关系。马克思指出:"'特殊的人格'的本质不是人的胡子、血液、抽象的肉体的本性,而是人的社会特质。"人作为社会实体,从出生到死亡都处于一定的社会关系之中,这是人类生命独特性的另一种表现,即具有其他生物体所缺少的社会属性。生命的独特性还以个性的形式体现,人们常用"人心不同,各如其面"来表现两个人之间的差异,也就是心理学中所说的个性心理倾向和个性心理特征差异。外界环境对人施加影响,通过个性发挥作用,形成独特的个体。个性是每个人区别于他人的独特之处,即使是生物特征相近的个体,其在思维方式、知识背景、性格爱好等方面也大不相同。生命的独特性亦表现在生命的不可重复性。生命是一张单程车票,人自呱呱落地之日起,生命就是一个"进行时",它不断发展,不断生成,没有循环往复。时空是运动和发展的,人的本质也是随着环境的变化而不断改变的,柏格森把人看作时间性的存在,时间在流淌,生命在延绵,此时的生命与彼时的生命是不同的,是不可重复的。

生命是独特的,从外在样貌到内在品质,每个人都有自己独特的风格与特点。生命是独特的,不同时间点上的个体也不尽相同,正如哲学家所言:人不能两次踏进同一条河流。既说明了运动与变化的绝对性,也指明了事物的非重复性。我们作为独特的个体,应该充分发挥己之所长,谱写生命的华章。

三、开放性

《三字经》有云:"人之初,性本善。性相近,习相远……"生命是开放的,每个人好比一张洁白的宣纸,色彩如何需要自己妆染。每个人都是历史的,任何个体的成长与发展都是开放的,是不断生成的过程。每个人从出生开始就奔赴共同的终点——死亡,其中的轨迹由自己书写,没有人从生来就确定了发展轨迹,更没有人能按照既定的路走向生命的尽头。开放性体现在生命对外部世界的敞开。从生理学上讲,人的成长需要从外界摄取物质、能量和信息；从社会学上讲，人的本质是一切社会关系的总和，每个人都在与他人以及社会进行商品交换和情感交流；从精神属性上讲，人的精神成长虽来源于自己的思考，然而追根究底，还是对外界事物观察的结果。人生来具有好奇的特质，乐于尝试新事物，尝试和探索的过程也使得生命不断向外敞开。在这个过程中我们不断地与环境交流，不断进步与发展。我们无法决定我们的出生，但未来可以自己把握，我们可以选择做更好的自己。

四、完整性

美国心理学家霍华德的多元智能理论不仅反映了人的独特性与发展性，也指出了人的完整性。智力、艺术、体育、道德等都是人的一部分，它们之间不是孤立的，而是互相联系、不可分割的，它们共同组成了一个完整的人。生命的完整性不仅体现在自然生命、社会生命与精神生命的统一，还体现在个体在生活、学习、工作中的完整性。人的任何一个微小的动作都是由复杂的肌肉组织与神经系统控制，包含了人的心理活动和精神特性，是个体的综合表达。人除了自身的完整性以外，还有人与外界环境的完整性。人与自然、社会是一体的，是不可分割的，一个人自身以及他所处的自然环境以及全部社会关系加起来才是一个完整的人。世界观、人生观、价值观三者属于包容与被包容关系，它们相互作用、互相制约，互为因果、互为表里，统一在作为具体的、现实的、完整的人的身上。我们可以断言，一个完整的人必然是与世界有着丰富关系的人。

五、超越性

席慕蓉曾说过："我总觉得，生命本身应该有一种意义，我们绝不是白来一场的。"生命具有超越性，有超越自身的能力，能够从无到有创造出他物，能破旧立新，在已有的基础上创造出更好的未来。法国存在主义哲学家让·保罗·萨特也认为："人即自为的存在，具有超越的特性。"人的超越性，使人能在物质层面通过有意识的劳动创造出新的价值；在精神层面能够不断发展，超越自身，使人成为历史的人。人在时空中的状态是暂时的、历史的，随着时空的发展，必将被人自身所超越，使人处于不断上升的过程。人凭借无限的追求得以超越自身的局限，借助实践超越现实，以创造自我、超越自我，最终将有限的生命引向永恒和具有无限意义的境界，实现自我。

第四节　生命的价值

　　价值是主体对主客体之间意义、效应的评价，对于同一客体，不同的主体对其评价也不同。有人认为生命的价值，不在于时间而在于深度；也有人认为生命的价值取决于生命的利用效率；还有人认为追求上进并努力实现梦想是对生命价值最好的诠释。人类社会的价值体系是极为复杂的，不仅有自我、他人、集体以及国家和民族等价值主体，还有物质、精神、制度、环境等多种价值客体。那么生命到底具有哪些价值？对个人、社会以及国家有何意义？下面将进一步探究。

一、自我价值

　　生命的自我价值首先在于其存在价值。生命具有自然属性，也是人最基本的属性，是一切自我价值的基础。人类的存在以生命为前提，生命存在是一切价值关系的依托，人只有在生命得以存续的基础上才能进行劳动，创造出物质与精神财富。若生命不复存在，一切财富利益皆是水月镜花，无从寄托。因此，生命权是每个人最根本的权利，每个人的生命都只有一次，理应得到尊重。毛泽东说，世间一切事物中，人是第一宝贵的。个人的存在构成了社会，社会价值是个人价值的有机结合。马克思认为，历史是人民创造的，人民决定了一个国家的兴衰，人民决定着历史的发展方向。离开了人民，社会也将荡然无存。人是社会发展中最根本、最宝贵的资源，每个人都有其独特的创造力，都可以发挥潜能为社会创造财富。因此，保证生命的存续，是社会存在和发展的根本要求，是社会最基本的价值目标。

自我价值源于劳动和创造，个体的价值通过劳动满足自身、他人以及社会的需要得以实现。人的价值属于二重价值，可以分为物质价值和精神价值，具有他物难以媲美的创造性。物质价值是个人价值存在的基础，生命的存在建立在物质条件的满足上，生命首先创造的就是物质财富。不过，要使一个生命变得有意义，精神价值同样是不可或缺的，人类的超越性也体现在人的精神价值上。

马斯洛需求层次理论将人的需求分为五个层次，从低到高依次为：生理需求、安全需求、社交需求、尊重需求以及自我实现需求。前三个层次是社会性生物共有的基本生存需求，主要表现为物质条件的满足以及与他人情感互动（如亲情、友情、爱情等）的满足。尊重需求以及自我实现需求是人类独有的超越性需求，是人类精神性的体现。生命本身有崇高的价值，自然界中生命的价值会通过食物链传给下一个生命。生命不仅意味着肉体的存在，还是一种意识观念的载体，其价值并不在于寿命的延长和外表的美丽，而在于心灵的善良、人格的健全。在基本生存需要的基础上，人类个体将有限的自我融入整个社会中，作为社会的一部分，与他人一起为社会创造出巨大的物质财富与精神财富。在这个过程中人既得到了物质的满足，也获得了他人的尊重和社会的认可，实现了个人价值与社会价值的统一。

二、社会价值

爱因斯坦说过，人只有献身社会，才能找到那实际上是短暂而有风险的生命的意义。生命的价值在于奉献，哪怕只给世界增添一缕光彩，增添一丝温暖，也算有了一点价值。鲁迅先生说过："我们自古以来，就有埋头苦干的人，有拼命硬干的人，有为民请命的人，有舍生求法的人……这就是中国的脊梁。"杏林子——一位不幸却伟大的中国女作家，生前便留下遗愿将其躯体供"类风湿关节炎"相关教学研究，实现了其生命的社会价值。马克思也说，人的本质是一切社会关系的总和。一个人是不能脱离社会单独存在的，人只有在与社会进行物质和精神的交流中才能体现其价值。正如马斯洛的需求理论认为，尊重需求和自我实现需求才是人类最本质、最独有的特征。个体从社会中获取自己所需，随后又以自己的劳动创造出财富贡献给社会。因此，一个人自我价值的实现往往取决于他为社会做出的贡献，即他所创造出的社会价值。一个人的能力是有限的，脱离了社会，依靠个人的劳动无法满足个人需求，必须通过与他人的交流和交换才能得到满足。我们每个人都在享受着前人和他人的物质和精神成果，所以我们要做出贡献报偿他人，促进社会的进步。歌德说："你若要喜爱你自己的价值，你就得给世界创造价值。"生命的价值在于享受生命，享受人生。

古人有云：修身，齐家，治国，平天下。社会价值是个人价值的基础，马克思认为，人生应该追求"人类的幸福"和"自身的完美"相统一，社会价值与个人价值是高度统一的。人民的好公仆焦裕禄同志，曾任兰考县委书记，劳苦一生却只留下了一套《毛泽东选集》。在物质上，他无疑是极度贫乏的，但在精神上他是无限富足的，他的精神和脊梁留在了中原大地，将一名共产党员的风貌留在了人民群众的心中。生命的短暂并不能限制其永恒的精神，他将自我价值与社会价值相统一，在创造社会价值的过程中实现了自我的人生价值。

社会价值和个人价值是独立又统一的。社会价值的存在不应以扼杀个人的追求和创造性为条件，自我价值的实现也不能以牺牲社会价值为前提。个人追求和创造性是创造社会价值的基础，丧失了个性的个体将失去为社会创造价值的能力。若过分追求自我价值，以钱权等衡量自我实现，在追求自身利益的过程中不惜损害社会和国家的利益，便会跌入生命的深渊。离开了社会价值，个人不但无法实现自我价值，还会成为社会的蛀虫。

三、生态价值

如果以自我获得感为标准对自己创造的物质精神财富进行评价，就是自我价值；而以他人、集体或者国家和民族来评价某个人所创造的价值，就是社会价值。如果从生态环境的角度去评价某个人所创造的价值，就是生态价值。生命的生态价值指的是生命在生态系统的物质和能量流动中所起到的积极作用，对于维持整个生态系统具有特殊的贡献。

人类自使用工具开始，对世界的改造能力便不断增强，对生态起着巨大的影响作用。一方面，短短数百年间全球 70% 以上的热带雨林惨遭破坏，大量排放的温室气体难以被吸收，出现了一系列极端天气。飞机、汽车、轮船等的污染气体大量排放，南极臭氧层空洞惊现，地球的保护层出现缺口，过量猎杀、捕捞造成众多物种灭绝……人类以牺牲生态为代价换取了些许物质财富，生态价值呈负值，其发展是病态的。另一方面，塞罕坝植树造林 140 万亩，成功将沙漠变成了绿洲，成为生态价值实现的典范。生态价值与社会价值是不可分割的，生态是社会存在的基础，唯有良好的生态环境才能为社会的可持续发展提供保障。"绿水青山就是金山银山"，良好的生态环境不仅能维护生态安全，更能带来巨大的经济效益和社会效益。同时，人类在维护生态环境的过程中的艰苦奋斗，也是一笔宝贵的精神财富，可以实现个人价值与社会价值的统一。

四、精神价值

生命的意义在于付出，在于体会精神的真谛，而不是在于接受，也不是在于争取。一味地纵欲享乐，无价值的人生等同于自我扼杀，创造自己的精神价值，是珍惜本我生命最好的诠释。马丁·路德·金说："生命的意义在于活得充实，而不是在于活得长久。"人的精神是人的生命存在的最高价值、最本体的价值。只有人才超越了本能的生命，确立了人格自我，能够有意识地主宰和驾驭自己的生命活动去实现自我的意志和目的，进而把有限的生命引向永恒和无限的意义境界。这就是人的生存价值。

价值源于劳动与创造，实质上，精神价值和物质价值是统一的，物质是精神存在的前提与基础，精神是物质的升华。物质是短暂且有限的，精神是近乎永恒与无限的。因此，一个人只有精神富足，才会真正满足，人生的意义往往在于以有限的生命创造出了永恒的精神财富。正如马克思虽然已经去世多年，其思想却永垂不朽，成为人类文明中一颗璀璨的明珠。

人的精神是人能实现超越自身动物性和社会性的根本。精神价值是人类社会赖以生存的根本，正是在精神的指引下，人类才能一步步从自然界中独立出来，将自然界改造成人的自然界。正是在精神的指引下，我们才能实现社会性的超越，去追求自由而全面的发展。

第二部分

生命教育概述

第一节　生命教育的提出

"生命教育"一词属于舶来品，最早源于 20 世纪西方兴起的死亡学以及随后发展起来的死亡教育、生死教育。两次工业革命完成后，人类社会以空前的速度发展，科技的发展带动了绝大部分行业的突飞猛进，人们的生活水平大幅度提升。但是社会的快速变革也造成了一系列问题，如贫富差距扩大，传统大家庭逐步解体为小家庭，人与人之间的关系变得疏远。科技加快了人们生产和生活的节奏，生活压力与日俱增，造成了自杀、药物滥用以及暴力行为等社会问题。这些问题的日益突出引起了社会的关注，人们逐渐认识到生命教育的必要性，众多学者开始投身于生命教育的研究领域。因社会文化情境的差异，国内外在生命教育的动机、目的、含义等方面不尽相同。

一、国外生命教育的提出

第二次世界大战后，和平与发展成为世界的主题，随着经济复苏以及社会的飞速发展，人们的生活水平显著提高，但是教育的发展却未能与经济发展保持一致，引起了暴力事件、药物滥用和艾滋病等社会问题。各国相继意识到生命问题的严重性，开始将生命教育纳入基础教育体系。目前普遍认为华特士提出生命教育并建立"阿南达村"学校，传播生命教育理念是现代生命教育的开端。澳大利亚是较早实施生命教育的国家，泰德·诺夫斯（Ted Noffs）牧师于1979 年成立了"生命教育中心"，致力于预防青少年"药物滥用、暴力与艾滋病"。美国、英国等国家也开始注重生理健康教育趋向的生命教育。

作为教育强国，美国最先开始进行死亡教育。通过死亡教育让人们树立正确的生死观，以正确的方式去追求生命的意义。早在20世纪60年代，美国学者华特士就提出了一种教育改革——生命教育。随后他在加州创建了阿南达学校，开始推行生命教育。后来，生命教育开始在美国推广开来，到1976年，全美已经有超过1500所中小学有了生命教育课程。到90年代，生命教育已经基本在全美中小学得到普及。美国开展生命教育的形式也极为丰富，从训练青少年基本技能的机构到多种专业教育协会，以大量的生命教育书籍和影片为辅助手段，为青少年营造了一个良好的生命教育环境。到80年代末，美国中学校长协会又推出了针对青少年的"品格教育"活动。这个活动获得了广泛关注，已经成为今日美国发展最快的教育活动之一。品格教育以信赖、敬重、责任、公平、关怀和美德为基础，提倡勇敢、杰出、自信、公平、自由、信仰、宽恕、谦逊、幸福、诚实、爱、尊重、理解。品格教育的内容也是生命教育所提倡的，作为三大支柱之一，品格教育与迎向生命挑战的教育和情绪教育共同组成了美国的生命教育体系。

澳大利亚于1979年在悉尼成立"生命教育中心"，该教育中心是西方最早使用"生命教育"概念的机构。其成立之初主要是对学生进行反毒品教育，预防学生吸烟、酗酒以及吸毒，随后该中心除了反毒以外，开始关注学生的暴力倾向和艾滋病传播等问题，逐渐形成了"预防和制止'药物滥用、暴力与艾滋病'"的宗旨。澳大利亚尤其重视悲伤教育，早在20世纪70年代就成立了"全国失落与悲伤协会"，并于1994年将每年10月的第三个星期的星期日至第四个星期的星期日定为"全国失落与悲伤觉醒周"。悲伤教育旨在引领学生思考如何处理生活中遇到的低沉、失落等情绪，增进应对生活中的各种不幸的能力。如同美国的死亡教育一样，死亡教育通过对死亡的认识帮助人们树立起正确的生命观，而悲伤教育也是通过各种失落和悲伤活动教育人们学会面对生活。

日本的谷口雅春于1964年出版了《生命的实相》，成为日本生命教育的开端。在20多年后，面对社会日益严重的他杀、自杀、浪费等现象，日本将尊重人的精神和敬畏生命等道德教育理念写进教学大纲，政府也开始投入经费用以出版相关刊物来教育孩子形成正确的价值观，生命教育正式得到发展。近年来，日本教育界又开展了"余裕教育"来纠正青少年生活素质和生活能力不足的问题，这已成为日本生命教育的重要组成部分。"余裕教育"的主要形式是乡间牧场的劳动，日本的教育家们试图培养孩子对大自然的热爱，并将这种热爱发展到对人的热爱。

澳大利亚人道主义者泰德·诺夫斯（Ted Noffs）为英国带去了生命教育的启蒙。瓦里蒂俱乐部（Varity Club）于 1986 年初赞助建成了英国第一个流动教室用以生命教育，随后多个流动教室逐渐普及到英格兰、威尔士和贝尔法斯特等地区，对英国预防毒品危害等起到了重要作用。到 20 世纪末，生命教育得到英国政府的重视，被纳入英国的全人教育体系，生命教育的内涵也得到了扩充。除了个人健康以外，公民权利和职责教育等也被包含在内。英国的生命教育以全人教育的理念为指导，由政府构建相关课程体系，并由专业人员开设，在课堂上通过讲述、角色扮演等多种方式相结合，帮助学生学会在各种情况下控制情绪。

新西兰有自己独特的生命教育方式。1988 年新西兰成立非营利性机构"生命教育（计划）"并在次年得到了总理的签署认可，在全国范围内鼓励对儿童进行生命教育。该计划着重通过技能训练和积极的人生观引导来教会学生实现发展的、健康的生活。该机构已经在全国拥有数十个分支，为几十万名中小学生服务。基于大洋洲生命教育的哲学理念，新西兰成立了生命教育基金会。基金会致力于教导小学生认识世界、个人和他人的奇妙之处，指引他们充分认识自己和发挥自己的潜能。它以"人的生命是奇妙的""个人是独特的"以及"我们必须互相帮助、互相尊重"为生命教育课程的基本理念。经过多年的探索，生命教育基金会已经拥有了一套完整的课程模式，包括自尊、社交、人体构造、食物及其营养、物质认知等五个方面，能有效帮助儿童建立起身体和心理的认知。

其他西方国家由于国内的经济条件和文化差异等客观原因，对于生命教育的认识和实施方法各不相同。如德国主要通过死亡教育来加强生命教育；法国则将生命教育的理念重塑，融入基本教育中，贯穿了整个教育阶段。虽然各国在生命教育思想和方式上大不相同，但对生命教育的重视保持高度一致，在全球化时代共同对社会的稳定与发展起着重要作用。

二、国内生命教育的提出

"生命教育"这一门课程对于青少年来说是必不可少的。"生命教育"不仅可以提升国内教育质量，还能为社会发展提供动力。为了唤起青少年尊重生命、热爱生命以及关怀生命的意识，营造一个适合他们学习与发展的教育环境，国家开始在国内推行生命教育，期望借助生命教育的推行，将生命教育的理念深入学校、家庭及社会的方方面面，帮助青少年认识生命，尊重生命，珍惜生命，热爱并发展自己独特的生命，改善教育教学现状，使学校真正做到"教书育人"，推动社会的发展进步。

"生命教育"一词于20世纪90年代出现在我国，当时主要偏向环境教育和安全教育，并未深入探究生命教育的内涵。90年代末，生命教育引起我国学者的关注。叶澜先生在1997年提出了"让课堂焕发出生命活力"，对传统教育的改革逐渐开始。到21世纪，生命教育首先在辽宁、上海、湖北等地试行开展。2004年，辽宁省教育厅制定了《中小学生命教育专项工作方案》，全面启动了中小学生命教育工程。次年6月，上海市教育委员会和中共上海市科技教育工作委员会联合印发了《上海市中小学生生命教育指导纲要（试行）》的通知，指出了开展生命教育的重要性与紧迫性，规定了生命教育的指导思想、生命教育原则、生命教育内容、实施生命教育的保障机制等。2005年12月，湖北省地方教材《生命教育》通过立项初审。2006年，北京发布了《中华青少年生命教育年度立项报告》，决定自2007年起全面关注青少年生命教育并将其列入科研计划，争取尽快发布中国青少年生命教育白皮书。2010年，我国颁布了《国家中长期教育改革和发展规划纲要（2010—2020

年)》，明确提出了"学会生存生活""重视安全教育、生命教育、国防教育、可持续发展教育"的要求，我国开始全面推进生命教育。

生命教育于20世纪60年代在西方萌芽，在80年代得到推广，于90年代系统开展并逐渐延伸至我国。到21世纪，生命教育已经在全球如火如荼地开展，成为教育体系中不可或缺的组成部分。生命教育的重要性是不言而喻的，必须注重加强生命教育，使青少年形成正确的、积极向上的生命价值观，促进身心和谐发展。

第二节　生命教育的界定

　　自 20 世纪 60 年代末 70 年代初提出生命教育以来，许多国家和地区的政府当局和教育部门都高度重视生命教育，教育理论界更是著书立说，纷纷对生命教育发表看法。不同国家、不同流派的教育研究者分别从不同角度对生命教育进行了深入探讨和思考，提出了各自的主张。生命教育到底是什么？明确生命教育的本质十分重要，不同的国家和地区所开展的生命教育存在一定差异。不同的国家，生命教育的定义也大不相同，以下主要列几个代表性国家介绍生命教育的相关理念。

一、美国的生命教育

　　20 世纪 60 年代，美苏对抗加剧，并且美国深陷越南战争，加之经济危机冲击等原因以致美国校园内反叛运动、反战运动以及"嬉皮士"运动频发。在此背景下，美国加强了国内教育的政治功能，加强了思想政治教育，强化资本主义思想。美国当时正处在高速发展阶段，社会的需求诱使学校教育转向实用主义，学校不再帮助学生全面发展，而是专注于知识和技能的灌输。在政治和经济的双重压迫下，学校几乎变成了职业教育的场所。于是，学校中出现了大批有"钱"途、有知识、有个性而没道德、没思想的"人"，他们拥有病态的精神状况，迷茫、颓废、抑郁等充斥着整个社会。

　　面对这种情况，在人本主义教育思潮影响下，杰·唐纳·华特士提出，学校教育不应该只是训练学生谋取职业或获取知识，还应该引导他们充分体验人生的意义，帮助他们做好准备，迎接人生的挑战。他认为，这一教育目标只能通过生命教育来实现。为了实践其教育理想，1968 年，华特士在美国加州北部内华达山岭脚下建立了"阿南达村"，阿南达学校作为其中一个组成部分，是一个从幼儿园到中学的教育集团。学校从创建之初就致力于学生的全面发展，阿南达学校除了教授知识以外，还要传授生活的艺术。甚至从某种意义上讲，阿南达学校更致力于教导学生生活的艺术，而知识反而是附带的东西。他们认为："人必须懂得如何明智、快乐而且成功地生活，不违背自己深层的内在需求，这应该是教育的基本前提。"

可见，美国的生命教育，是为学生快乐且成功生活做准备的教育活动，是一种以提升学生的精神生命为目的的教育活动。

二、澳大利亚的生命教育

澳大利亚的生命教育中心致力于解决青少年吸毒且许多青少年死于吸毒这一日益严重的问题。随后，生命教育中心将对青少年吸毒的关注延伸到青少年酗酒、暴力以及艾滋病传播等问题，提出了"预防药物滥用、暴力与艾滋病"的宗旨。目前，生命教育中心已经发展成为一个国际性机构，在中国香港、新西兰、南非、泰国、英国、美国等 8 个国家和地区均有分支机构。澳大利亚的生命教育中心，每年为大约 100 万名从幼儿园到高等学校的学生提供相关的药物教育和正向的预防课程。在此过程中，它还注重发展学生的社交技巧和有效决策、沟通、谈判的能力，并努力通过学校教育和社区教育的结合，帮助青少年减少使用非法药物和抽烟，鼓励他们远离酒类，减少其他药物的伤害。除此之外，该机构还关注学生的个体发展。澳大利亚生命教育的目的是借学校及社区的合作关系，帮助年轻人消除不合法的药物使用和抽烟，促使他们避开或延迟对酒精的依赖，减少使用药物可能产生的危害。

显然，澳大利亚的生命教育，是一种以预防滥用药物、暴力与艾滋病等问题为目的，提高孩子生命质量的教育活动。

三、日本的生命教育

在日本的教育体系中，生命教育是道德教育的目标和内容，即"将尊重人的精神和敬畏生命的观念贯彻于家庭、学校及社会的具体生活中，为创造有个性的文化及发展民主社会及国家而努力，进而培养对和平国际社会做出贡献的具有自主性的日本人，以培养作为基石的道德情操为目的"。为了贯彻生命教育，日本根据青少年身心发展规律将生命教育具体分解到小学、中学以及大学的各个阶段。

能力主义盛行导致学生道德水平下降，政府将道德教育作为教育的首要目标，以培养学生的生存能力和丰富学生的人性为中心，囊括了自然教育、人格教育、职业教育、纪律教育、爱国教育等方方面面。日本的生命教育不光针对学生，为了实现生命教育，日本开发教材，培养教师，并支持和推动家庭教育和建立社会支持系统，集合全社会的力量加强生命教育。为了加强生命教育，日本通过各种主题活动增强学生的生存能力，激发学生对生命的热爱。

综上，日本的生命教育是一种尊重和敬畏生命的教育，其目标是培养有主体性、全面发展的对社会有用的人。

四、英国的生命教育

自 1986 年威尔士王子访问澳大利亚后，英联邦 14 个国家都成立了生命教育中心。英国的生命教育以公民教育为中心，从知识、能力和理解三个方面着手，目标是使学生具备一个公民应有的知识、思考能力以及解决问题的能力。它强调学生要了解自我，维护自己及他人的安全，促进人的个性化发展，最终达到灵性、道德、社会和文化发展的全人目标。

英国的生命教育采用渗透教育，将生命教育融入历史、地理、英语、艺术等课程，也强调生物、物理等学科对生命教育的贡献，多角度、多方面地提高学生对生命的认知。同时，英国政府重视对教师在职训练，以提高教师的教学能力。在政府的大力干预下，英国的生命教育以课程为主，将生命教育作为跨学科课程纳入了国家和学校的正规课程，这也是英国当前最重要的教育改革政策。

总而言之，英国的生命教育是一种针对全体公民的全人教育，其目标是实现个人的健康与幸福，促进人的社会化发展。

五、中国的生命教育

中国的生命教育起步较晚，20 世纪 90 年代末华东师范大学教育学系叶澜教授发表了一篇题为《让课堂焕发出生命活力》的文章，掀开了我国生命教育改革的新篇章。它批评了传统课堂教学的机械和程式化以及对师生发展的阻碍，提出重新全面认识课堂教学，构建新的课堂教学观。中国人民大学文学院黄克剑教授也深入探讨了"生命"与"教育"的关系，提出了"生命化教育"理论，强调培养学生获得幸福的能力，提升学生的道德心性，以及引导学生个性发展。

当下，国内学者就生命教育已经形成了多维认识。在目的性认识中，研究者们认为"生命"是"教育的目的"。生命教育服务于生命个体的成长，融汇于学校教育的过程。生命教育就是在个体从出生到死亡的过程中，有目的、有计划、有组织地进行生存能力培养和价值创造的活动。在内容性认识中，"生命"是"教育的内容"，生命教育就是对中小学生进行生命发展知识的传授，培养学生对生命的认识，进而尊重生命并促进人格全面发展的教育。在生命教育"主体论"中，生命教育是尊重学生个性发展并教导学生尊重生命、关爱生命的教育。也有学者侧重于"生命"的基础，认为生命教育应该根据生命特征，遵循人的发展规律，开启学生的潜能，唤醒生命意识，使学生成为朝气蓬勃、人格健全、个性鲜明、掌握创造智慧的人。

整体而言，我国的生命教育研究依旧处于起步阶段，对生命教育的认识和理解还有待教育工作者们继续深入研究。

第三节　生命教育的广义

生命是一切发展的出发点和落脚点，是人类文明进步的核心内容。广义的生命教育是一个庞大的范畴，从物质到意识，从肉体到精神。生命教育在某种意义上说是"生命的教育"，不仅仅是局限于生命需求等内容，而是包罗万象，涵盖个人以至整个宇宙。

一、从内容上看生命教育的广义

从内容上看，生命教育可以分为广义的生命教育和狭义的生命教育。狭义的生命教育是一种人生观的教育，教育学生认识生命，尊重生命，敬畏生命，热爱生命，珍惜生命，包括人自身的教育、人与人的教育、人与自然的教育、人与环境的教育、人与宇宙的教育等内容。狭义的生命教育更多主张从生命发展的需求出发，缓解自杀、暴力、意外事故等带来的对生命主体的伤害。而广义的生命教育则是一种全面的教育，即是从肯定、珍惜个人自我生命价值到他人、社会乃至自然、宇宙的价值，包括对生死尊严、信仰问题的探讨，涉及生死观教育、两性教育、环境教育、认识哲学教育、情绪辅导教育、生活伦理教育、公民道德教育、终身学习教育等多个维度的内容。

二、从社会发展需求上看生命教育的广义

从社会发展需求来看，生命教育若仅仅注重于保护人的自身发展是远远

不够的。随着社会的发展，社会对每个人的要求也在不断提升。2021 年，我国成功打赢了脱贫攻坚战，实现了世界上人口最多国家的全面脱贫，精神生活开始成为人民生活中越来越重要的组成部分，生命教育的内涵必须得到拓展。我们可以从生命科学中认识生命，在传统文化的熏陶中尊重生命、敬畏生命、热爱生命和珍惜生命，我们更需要去了解生命的内涵、生命的价值和生命的超越性。生命教育不能局限于常规意义的生命体中，而是应该发展到整个世界、整个现实宇宙和精神世界，体会宇宙的律动，领悟人类精神的纯粹。在马克思的理想中，人应该成为一个"自由而全面发展"的人。物质的满足只是精神飞跃的基础，生命教育不只是"生命的教育"，更是从身体出发，实现人的全面发展和自我超越的引路明灯。

第四节　生命教育的特点

生命教育与以往教育不同，它不只关注个体某一方面的发展，而是以全面发展为目标，直面个体发展的不均衡，引导每个学生发展自己的个性，在全面发展时展现出自己的独特性。广大学生作为国家的栋梁，是整个社会中最朝气蓬勃、最乐于创造的群体，他们是祖国的未来，是社会主义的接班人，对社会的发展具有极其重要的推动作用。重视培育青少年的价值观是中国共产党的优良传统，也是促进社会发展的长远之策，更是国家富强的必行之路。对大学生开展生命教育，不仅要着眼于对大学生个体生命自然存在的关切，更要注重对大学生生命价值与人生态度的引导。

一、生命发展内容的完整性

精神科学的创始人狄尔泰认为人是整体的人，是自然生命、社会关系和精神意志的统一体。正如前述，完整性是一个人的基本属性。个体的任何活动都是以整体为基本单位进行的，包含了肉体和精神的全面投入。人的发展是全面的，应该在身体发育以及精神品格两方面协同发展。作为个体成长过程中最重要的辅助，教育应该承担起人全面发展的责任，为人提供全面的指导。生命教育应立足于人的整体性，同时把握人各方面发展的不均衡性，关注整体的各个层次，因材施教，使人成为一个健全的人。正如培根所说："读史使人明智，读诗使人聪慧，演算使人思维精密，哲理使人思想深刻，伦理学使人有修养，逻辑修辞使人善辩。"一个全面发展的人包含了各个方面，全面发展要求人聪慧明智、思维敏捷，要求人能言善辩、明辨是非，也要求人品格健全、德才兼备。

只关注单一方向的发展是不可取的，剑走偏锋只会走进教育的死胡同。每个人的潜能都是巨大的，都有其独特的价值，但是现实中许多人的潜力都被扼杀在摇篮中。归根究底，是因为教育者未能对学生有一个整体的、多层次的考量，未能因材施教。这就要求教育要深入挖掘人的潜能，充分开发个体的能力。生命教育是完整性的教育，在传授知识的同时还要求塑造学生的品格，令学生的德、智、体、美、劳齐头并进，使学生得到全面的发展。

二、生命发展形式的自由性

自由是人类的基本追求，是每个人充分发展的基本要求。我们的出生是随机的，不受控制且具有差异性，但是每个人的选择和发展是自由的，不应受到干涉和压制。每个人都是自己的主宰，都是自我决断的主体，也是生命发展的主体。常言道"师傅领进门，修行靠个人"，学校和教师是教育的实施者，是学生发展的引领者，但是并非决断者。教师的存在是一盏"引路明灯"，但是具体选择什么样的发展道路由学生自己决定。处在发展中的学生是不成熟的，自制力的缺乏往往使他们迷失在追寻目标的路途上，因此学校和教师存在的意义便在于帮助他们看清自己的目标，并在中途提供指导和帮助。但是以此为借口强迫学生做出所谓"正确的选择"，并监视他们"追逐正确的目标"，显然是不合适的，教育一旦被强权左右就失去了其真正的意义。以任何名义行使霸权的教育都是对学生精神的摧残和对自由的践踏。当教育缺失了自由，知识的传授就变成了灌输，自由的思想和天马行空的创造力将被套上缰绳，心智的活动也将被限制。

教育的主要目的是使人得到自由而全面的发展。所以生命教育的实施者应具有系统性，学校是生命教育的主阵地，家庭和社会也是生命教育的重要场所，只有学校、家庭和社会达成共识，多方面参与构成一个完整的生命教育体系，才能凝聚"生命教育"的巨大能量。学生有思想、有感情、有个性、有能力，这些共同组成了一个完整的、真正意义上的人。家长和教师应该给予学生生命的自由和自主性。教师的意志不是学生的意志，教师的认知规律也不是学生的认知规律。我们不能以成人的眼光去约束他们，过分地强调外在的影响和要求而忽视学生的内心想法，使学生个体生命的发展丧失自主的力量和可能。学生的生命发展只能由自己来完成，生命教育只有把学生的自由放在首位，才能实现教育的目的。

三、生命发展结果的独特性

每个生命都是完整的，但是其发展也是不均衡的，各层次的不均衡发展导致了个体间的差异。独特性、唯一性是人的固有属性。世界上没有两片完全相同的树叶，漫天雪花也各不相同，作为集自然属性、社会属性和精神属性于一身的人类，个体间的差异也相对较大。生命教育需要针对受教育者因材施教，不同人对生命的理解有其主观的想法，他们对生命的认知很大程度上取决于其人生的阅历。生命教育需要针对不同的理念进行积极的指导，因而具有强烈的针对性。尽管生命教育会受到现实因素的影响，但它并非被动地被现实驱动，而是主动、积极地改变现实。不同的生命，经过自由发展，以各不相同的个性成就了这个异彩纷呈的世界。教育的目的，也正在于此，教育不是流水线，学生也不是工业化产品。恰恰相反，教育在全面培养学生的同时还应该帮助学生挖掘个性、发展个性，使学生在全面发展的基础上，充分发展自己的个性；在教育内容的设置上，应根据青少年身心发展规律和接受程度，选择贴近青少年生活实际的教育内容，要按照学生个人、集体的不同特点，分别规划，分层推进，逐步展开。个性是多样的，它表现在个人能力、道德品质、人生价值等方面；个性更是宝贵的，每个个体都有其存在的独特价值。

独特性是个性的外在表现，生命的独特性还体现为价值间的不可比较。

"功成名就"并不能代表一个人的价值观，教育应以尊重个体的独特性为前提。不同区域有不同的文化特点，不同的艺术有不同的风格特色，不同的人有不同的兴趣与爱好，人类社会具有多样性，也需要各种不同的人才。个性即差异，差异彰显丰富多样，富有价值和意义。为生命成长提供指引而非包办，以学生为本，让每个学生都有人生的精彩，成为自身生命价值的开拓者。苏霍姆林斯基告诫说："学校不要使任何一个学生成为毫无个性的、没有任何兴趣的人。"庄子的智慧启发我们：泯灭个性，违背自然的好意，常带来不良的后果。教育理应尊重生命个体、尊重自然、尊重生命的独特性。

第五节 生命教育的原则

一个民族最伟大的生活原则莫过于教育，每种教育都有自己独特的原则，生命教育亦然。人总在不断努力并渴求幸福、期待美好，生命教育应该满足人类对幸福的追求、对美好的憧憬、对未来的期冀。关于生命教育，每个教育者都有自己的专属原则。就笔者而言，生命教育应该具备幸福性原则、超越性原则、生成性原则、人文性原则、生活化原则与体验性原则。

一、幸福性原则

幸福是人生的根本目的和最终追求。幸福是个主观概念，对于不同的人而言有不同的含义：有人认为幸福是拥有大量的财富，因为财富能带来肉体和物质的享受；有人认为幸福是名垂千古，载入史册；有人认为幸福是游览河山，感受自然。正因为不同的人朝着不同的目标努力奋斗，世界才丰富多彩起来。幸福具有层次性，归根究底是一种需求上的满足。在人的各层次需求中，自我实现是最高层次的需求，而物质享受、名望等都属于较低层次的需求，真正的幸福是一种精神境界。古希腊哲学家伊壁鸠鲁认为幸福是身体的无痛苦和灵魂的无纷扰，亚里士多德认为幸福是灵魂的善，共同之处在于他们都相信幸福是来源于内心深处而非外部世界。对于物质享受的追求往往使自己迷失在追寻幸福的路上，永远得不到真正的幸福。

古希腊思想的集大成者亚里士多德认为，人生的一切行为和最终追求的终极目的就是幸福，也只能是幸福。他指出，我为幸福自身而选择幸福，心目中绝没有任何更多的东西了，而我们之所以选择光荣、快感和理智等是因为我们相信，我们将会通过它们感到幸福。他曾说："幸福就是一种合乎德性的灵魂的实现活动，其他或者是它的必然附属品，或者是为它本性所有的手段和运用。"英国哲学家、教育家洛克认为，人人都追求快乐、幸福，这是不言而喻的。德国哲学家康德从他的"人是目的"这一重要的人类学理念出发，强调人本身既是幸福的目的，又是幸福的手段。因此，康德强调用理性能力去处理各种有关幸福的问题。他认为："就人的本性来说，每个人对于幸福的追求都是必然的、不可避免的。"因为人是一个理性的、自由的存在物，人在自己的自由理性的指导下去获得幸福。这是因为"幸福是人们一致同意的我们行为的唯一的终极目的：我们的一切行为都是为了得到它，我们得到它不是为了其他任何东西"。幸福之所以重要，是因为幸福本身就是绝对的善，是至善。因此，对有独立生命意识的人来说，是否追求幸福、能否获得幸福就是其人性的主要标志。

二、超越性原则

时空是运动的，人是发展的，没有人能停留在原地，超越性是人固有的特点。个体的存在是历史的，人永远处于追求的过程中，不甘止步于已有成就，只会朝着理想不断前行。正是因为个体生命这种生生不息的精神和永恒坚毅的意志，努力超越本体的生命，促使着人不断地思考生命的意义，不断地实现生命的价值，不断地追求生命的圆满，不断地创造生命的辉煌。也正是基于此，我们说人生命的真义和价值就在于不断地超越现实，实现理想；不断地挑战自我，走向新生；不断地开拓创新，追求辉煌。

立足于个体生命的超越性，生命教育应当注重引导学生追求生命的超越，实现生命的超越，并在追求生命超越的过程中，发现生命的意义，创造生命的价值，实现生命的辉煌，拥有一个有价值、有意义的人生。

三、生成性原则

人的生命是一个不断生成的存在。每个个体生命都是在后天逐渐发展起来的，任何人的生命都是他自己生活、实践和成长的产物。每个个体自出生起就是与众不同的，从不同的起点，在不同的环境中，以不同的方式，朝着不同的方向不断发展。真正的个体生命都是独特的、生成的、发展的。后现代哲学家利奥塔曾大声疾呼：要向整体性、同一性开战，要证明人的生命的不可描述性，要关注人的生命的差异性，要激活人的生命的差异性，要拯救差异性。差异性使世界生机勃勃，生物的差异性发展才令荒芜的原始地球逐渐变成了如今缤纷的家园。差异性包含着个体生命内在的生成动力和无限的发展驱力，正是差异性不断推动生命发展，碰撞出绚丽的生命的火花。君子和而不同，只有包容个体的差异性，人才能不断发展和完善自己。

四、人文性原则

人文思维指的是一切从生命本身出发，用生命的眼光去看待世界万物，感悟生命的价值和意义。与科学思维不同，科学思维讲究把握事物的共性，将万千事物归为一体，人文思维却反其道而行之，从自身出发，借助生命的个性将同一事物变得丰富多彩。人文思维是开放的、发展的，人文思维立足于现实生活，借助人文哲学，将人送至精神的彼岸。

自工业革命开始，科学技术的发展进程不断加速，人类已经历了蒸汽时代和电气时代，进入信息时代，科学技术对人的观察方式、认知过程和逻辑思维的影响日益加深，而人原有的人文气息正在悄然消退。科学思维强调用科学的眼光和理论看待世界，它将事物抽象为各种性质，用公式、定理、符号以及规范的语言加以描述。一方面，这种科学思维在探索物质世界时无往不利；但另一方面，科学思维阻碍了人的精神发展。科学讲究逻辑，需要的仅仅是冰冷的知识和严密的逻辑，而生活讲究情怀，需要的是精神的满足。科学技术是开拓物质世界的利剑，但是这把剑最终是握在人类手中，人类必须以人文思维去驾驭。

五、生活化原则

随着现代科学技术的快速发展，教育正在融入我们的生活，这已经成为一种不可逆转的发展趋势。我们的日常生活是由衣食住行和人际往来构成，每个人都有自己的生活方式和工作习惯，衣食住行、人际往来以及生活方式等构成了我们的生活世界，它是人的生命和生活的存在基础。自工业革命以来，科学技术给人的生活方式带来了翻天覆地的变化，人的生存条件不断改善，我们的生活却渐渐异化。古人云五十知天命，是在从"道"的层面去感悟和理解世界，但现在人类更多以科学技术去探索世界，用符号和公式去描述世界，人类勾勒出了冰冷的宇宙，却难以达到精神的彼岸。生活世界指的是我们每个人在经常性的生活和工作中逐渐形成的既定的生活方式、行为方式和思维方式所支配的自在自发世界，它是由衣食住行、礼尚往来等人的日常生活所构成的世界。这一生活世界具有本源性，是人类一切有意义的活动的发源处，是一切人的生命、生活、组织、社会的存在基础。然而，这一活生生的生活世界自近代以来，就被科学世界、逻辑世界所取代，慢慢地被遮蔽了、异化了。近代启蒙运动以来所产生的科学技术和所形成的科学世界观成为主导人类生活的文化霸权和新的意识形态。在这种"科学世界"面前，人类真实的"生活世界"却被异化了、忘却了，这就使人生活在各种理性的抽象和科学技术的冰冷世界中，其结果是带来人的生存的危机，带来人的精神的失落和人性的沉沦。正是基于对"科学技术"的反思与批判，和对人类生存意义的关注与拯救，西方思想家提出了"生活世界"的理论。最早提出"生活世界"这一概念的是德国著名哲学家胡塞尔。胡塞尔关注生活世界的原因在于欧洲近代的物理客观主义用一件人工裁制的理念外衣遮蔽了人的生活世界的原初丰富性和本真性，使人和主体的意义被遗忘而导致了欧洲文化、人类精神的危机。胡塞尔认为生活世界与科学技术的物质世界截然不同，只有哲学才能让人达到生活的彼岸。科学技术仅仅局限在物质世界，对于生活世界往往束手无策。因此，教育必须要平衡好生活世界和物质世界的关系，既要充分利用好科学技术的优势，也要为生活世界留下足够的空间，科学技术只是我们发展和前进的工具，人类本身才是发展的主体，生活世界才是人类的本源。

六、体验性原则

体验是人生命存在的方式，也是人追求生命意义、实现生命价值、焕发生命活力、走向生命超越的方式。体验是生命在活动过程中产生的内在感受、主观经验和深刻情感，生命通过体验感知自我，认知他人，解读生活；生命通过体验获得意义，升华情感，净化灵魂。所以，人的体验在人的生命存在、人的自我升华、人的精神解放中具有十分重要的意义。人有意识的生命存在就是其自身生命的表现、生命活力的释放和生命体验的获得。人的生命怎么样表现自己、体验自己，他就怎么样生存。生命存在取决于自己的表现、自己的能力，更取决于自己的体验。人通过体验领悟出许多生命真谛：人的生命之旅是飘忽的、梦幻的，所以有"人生如梦"的说法；人的生命之旅是艰难的、苦涩的，所以有"苦海无边"的比喻；人的生命之旅是偶然的、无常的，所以有"旦夕祸福"的感叹。人也通过体验联想起生命的伟大、生命的可爱、生命的可敬，联想起人作为万物之菁华、宇宙之灵长的尊贵，联想起人的精神之丰富、道德之高尚和信仰之坚定的超越。正是人的体验给生命以压力和动力，也给生命以意义和憧憬。由于个体是生命存在最基本的单位和形式，所以，体验必定是个体性的。体验是生命个体以自己旧有的经历、独特的情感、丰富的心理去感受、理解、联想、领悟、建构客观的事物，进而生成与客体的独特意义、情感、思绪和感悟。可以说，体验具有鲜明的主观性、独特的个体性、丰富的情感性和深刻的感悟性。正因为这些特征，体验更容易深入个体生命的深处，成为生命存在与发展的重要方式。

第六节　生命教育的意义

一、生命教育的时代要求

健康是促进人的全面发展的必然要求，是经济社会发展的基础条件。实现国民健康长寿，是国家富强、民族振兴的重要标志，也是全国各族人民的共同愿望。

自改革开放以来，我国在健康领域成就显著，生存环境明显改善，健身运动行业蓬勃发展，卫生医疗体系日益健全，人民身体素质明显提升。伴随着经济发展，我国在健康领域的主要问题也已经变为健康服务总体不足与人民日益增长的需要之间的矛盾，这就需要健康领域进一步发展，全面保障人们对健康的需求，为我国全面进入小康社会打下坚实的基础。

医学职业精神也十分重要。习近平总书记指出："今天，中华民族要继续前进，就必须根据时代条件，继承和弘扬我们的民族精神、我们民族的优秀文化，特别是包含其中的传统美德。"[①]中华传统美德是社会主义道德建设的源头活水。在 2016 年召开的全国卫生与健康大会上，习近平总书记用"敬佑生命、救死扶伤、甘于奉献、大爱无疆" 16 个字，概括了广大卫生与健康工作者的职业精神内涵。在新时代背景下，卫生与健康工作者们应牢记"医者仁心"的职业信仰，致力于防病治病，服务大众，传播健康观念，成为健康中

---

① 习近平. 从小积极培育和践行社会主义核心价值观——在北京市海淀区民族小学主持召开座谈会时的讲话 [N]. 人民日报，2014-5-30（02）.

国建设的重要力量。

我们通过创新思政教育理念，主动转变思路，充分挖掘和充实医学类课程的思政教育资源，促进生命教育在专业课内的各类课程与思政教育有机融合，从而扩展思想政治教育内涵及外延，实现全员育人、全过程育人的大思政局面。同时有效培育医学类专业教师的思想政治教育意识，正确处理知识传授与价值引领之间的关系，推进生命教育与课程同向同行，依托好学生教育共同体，实现全员、全过程、全方位育人。

中国传统文化中蕴含着丰富的生命教育元素。在传统仁爱文化视域下探寻大学生生命教育路径为我们提供了一种新的思路——以仁爱的角度关照生命，将其融入大学生的生命教育之中，是一种有效的精神引导。"夫医者，非仁爱之士不可托也。"卫生健康类高职院校的使命不仅仅是培养和塑造出一大批业务精湛、技能过硬的专业医者，还应该不断探索，从优秀传统文化中汲取养分，用仁爱文化培育出人文素养高、综合能力强、具备仁爱之德与仁爱之术的新时代医务工作者。

二、生命教育的学理逻辑

唐纳德·华特士（Donald Walters）于 1968 年首次正式提出"生命教育"。狭义的生命教育认为生命教育即"安全教育"，目的是培养学生保护生命的能力。广义的生命教育认为教育本身是一项关乎生命的事业，生命教育至少应当包括"关于生命""通过生命"和"为了生命"三层含义。生命教育应当引导学生关注生命，理解生命。只有了解生命的本质，对生命心存敬畏，才能更好地珍惜生命，尊重生命乃至欣赏生命，成全生命。在生命教育的体系中，"人性向善"是生命教育重要的价值预设，生命教育是一种全人的教育，不仅包括对生命本身的关注，还包括对生命情感的体验和对生命价值的提升。知行合一，理论与实践相结合是生命教育更好的开展方式，生命教育应该在理论教育的基础上加入充满实践性的沉浸式体验活动。生命教育故此从理论层面上有其生命为本的内涵，并以多层次生命的教育引导多层次、多角度的生命教育实践。

在个人生命成长过程中，家庭教育是最初的生命教育形式。随后的学校教育、社会教育与家庭教育相互渗透，相互补充，构成了个人所接受的完整教育。家庭生命教育具有历史传承性，中国古话有云："身体发肤，受之父母，不敢毁伤，孝之始也。"可见生命教育与慈孝的道德文化伴随产生，具有深厚的中华民族优秀传统文化的历史底蕴与深远意义，在新时代开展生命教育是对优秀传统文化的传承。

高校的课程思政建设中融入生命教育具有良好的实践逻辑。基于卫生健康类高校学科设置体系，在专业教学中融入生命教育思政元素是医学类专业课程思政建设的需要。在专业教学中尤其在医学基础课程中融入以"敬佑生命、救死扶伤"为主题的思政案例，培养学生的医护精神并开拓学生的职业情怀；在人体解剖课中，开展解剖学绘图比赛，增强学生鉴赏医学艺术与美育价值的能力；在解剖课教学中，开展临床应用解剖培训追思会，师生一起体悟生命要义，励志为医学事业奋斗终身。在教学中开展的生命教育活动都具有良好的实践逻辑。

生命教育的本质就是全人教育。坚持以学生为本，为学生发展服务这个根本方向，是党对人才培养的一项基本要求，也是决定教育事业前途命运的关键。高校的生命教育中，学生是真正的建设主体，生命教育赋能人才培养也是家庭、社会、国家的需要，开展丰富多彩的多形式、多渠道、多时空的体验式生命教育，融入"敬佑生命、救死扶伤、甘于奉献、大爱无疆"的医学工作者精神。

大学生的生命教育

第一节　大学生的生命教育特征

生命教育是关于人的生活、生命以及人生问题的教育，包括教育者、教育对象、教育内容、教育手段等基本要素。大学生的生命教育是生命教育的重要组成部分，具有生命教育的共性，在教育的主体、内容以及教育手段等方面也呈现出鲜明的特点。

一、主体的特殊性

教育是学生和教师以教学为中介的互动，对于教育而言，受教育者、教育者都是教育的主体。大学生生命教育主体的特殊性，就在于高校教师和大学生这两个群体的特殊性。对大学生开展生命教育，不能局限于对个体生命自然存在的关切上，而是要升华到引导和提升大学生生命意义价值与人生态度的层面。

相比于其他同龄人，大学生知识素质高、自我要求高、社会责任感强，这些特点导致了生命教育对于大学生的意义十分特殊，对大学生的影响也更为全面和深刻。即使是大学生，不同的层次、不同的学科对于学生的要求也不一样；不同的个性、不同的性格也促使学生的发展大不相同。基于此，高校的生命教育在把握大学生的共性的同时，也要注重学生个性的培养，这样才能真正做好大学生的生命教育工作。

作为另一个主体，高校教师在生命教育中发挥着极其重要的作用。他们是知识的传播者，是学生精神的引导者，也是学生生命的促进者。高校教师有较强的综合素质，具有创造性和示范性，他们的劳动具有复杂性与长期性，承担着"育人"的时代责任与历史使命。高校教师以其自身的体验、感悟、关怀和追求，引导学生学习生命知识、培养生存能力、追寻生命意义，实现生命价值。

二、内容的广博性

人复杂的生命结构和基本属性使人在不同的层面、不同的阶段、不同的关系中表现出不同的特点，对生命的理解和把握及与之相适应的生命教育内容也各不相同。学者们从不同的角度给生命教育作出的定义也各不相同。

以生命的内涵为基础，界定生命教育，可分为生理生命教育、终极关怀的生命教育、改变教育弊端的生命教育以及开发生命潜能的生命教育。从关注生命完整性的角度出发，生命教育包括自然生命的教育、精神生命的教育以及社会生命的教育。生命教育的分类还有很多，可见其内容的广博性。大学生生命教育的目的是通过生命教育尊重并热爱生命，挖掘潜能发展生命，以及探索生命，实现自身价值。为了达到这个目的，大学生生命教育的教育内容必须系统而全面，需要涵盖生理、心理、人生观、价值观等方面。大学生的发展具有不均衡性，生命教育的具体内容必须要根据人的发展规律来设计。除此之外，社会的发展状况也是大学生生命教育的重要参考。生命教育在实施过程中存在一定困难，难以面面俱到，只能在扩宽知识面的同时抓住最亟待解决的问题，一些问题仍需学生进行自主探究。

三、手段的灵活性

大学生生命教育的内容具有广博性，因此，其教育形式具有灵活性，依托现代科学技术手段，新的生命教育形式层出不穷。生命教育是多层次、多维度的，它不仅需要家庭、学校以及社会发挥教育合力，还需要课堂内外的引导与探索、理论与实践的紧密结合。大学生生命教育是一种综合性教育，需要系统规划、全员参与，以及灵活施教。

生命教育要充分发挥课堂的第一育人作用。这个课堂不单指各个学科、专业的课堂和生命教育专题教育课堂，更包括了广义上学校的一切教育形式。所有教职工（任课老师和非任课老师）都是这个课堂的一部分。教学过程中，应注重学生的人格塑造，努力实现学生与教师的平等对话，充分发挥学生的主观能动性，营造出师生积极对话的氛围，让学生切身感受到生命教育的重要性与价值，贯彻以人为本的理念。在这个课程中，教师不仅要言传身教，还要将理论与实践结合起来。纸上得来终觉浅，实践才是学生认识的归宿，同时也是认识的新起点。

新媒体的生命教育也是当代生命教育的重要形式。新媒体是现代科学技术的产物，具有强大的传播能力，深刻影响了社会和生活的方方面面，也促进了教育方式的改革，给现代教育的发展带来了难得的机遇，QQ、微博、微信等已经成为当代大学生学习、交流的新媒介。借助新媒体的力量，生命教育可以更加高效和深入地推进，现在网络生命教育作为当代重要的教育形式已经被各地区、各高校广泛采用。

生活中的小细节也是生命教育的有效手段。给贫困山区儿童捐款的工人，公交车上给孕妇让座的少年，在敬老院里给老人洗脚的学生……这都是一些很小的细节，却能给人以深刻的感触。大学生属于共情能力较强的群体，细微而真实的举动往往更能打动他们。

大学生生命教育担负着引导与帮助大学生认识生命，欣赏生命，尊重生命，珍惜生命，提高生存技能，提升生命质量，实现生命价值的重任，最终实现促进大学生的全面发展，培养社会主义合格建设者和可靠接班人的目标。大学生生命教育主体的独特性、内容的广博性和手段的灵活多样性，决定了大学生生命教育从具体内容到实施过程的复杂性。随着我国社会经济成分、组织形式、就业方式、利益关系以及分配方式呈现多样化的趋势，大学生在思维方式、生活方式、交往方式、价值取向等方面都发生了很大的改变，出现了许多新问题，大学生的行为特征也出现很多新变化，这些都给生命教育带来新的挑战和机遇。这就要求我们要用更高的思想、更深的感悟、更广的视野、更灵活的方式开展大学生生命教育。

第二节　大学生生命教育的内容

古代哲学家们曾提问：你是谁？你从哪里来？要往何处去？这是人类最恒久的疑问，包含了人类对自己、对生命的起源以及对未来发展方向的思考。归根究底，这是对生命知识、生命起源和生命价值的思考。

最初的生命教育是美国的死亡教育，引导学生追寻生命的意义。随着时代发展，生命教育的内涵不断扩充，渐渐成为一个广博的体系，囊括了从生理到心理、包含主观和客观、结合个人与社会的全方位的教育。在生命教育过程中，学生从了解生命知识开始，深入理解生命关系，最终明悟生命的价值。

一、了解生命知识

狄尔泰曾说："我们体验生命，但生命对我们却是个谜。"大学生作为社会的高素质群体，对于生命本质的认识依然浅薄。探索世界固然重要，但是探索自身才是我们的根本，唯有先了解自身，才能始终明悟自己的位置和方向，才不会在广阔的世界里迷失自我。

大学生是祖国的未来，是中国特色社会主义的建设者，也是实现中国梦的主力军，对大学生的生命知识的教育尤其重要。对于大学生的生命教育不能局限于人的生命，而是应该对我们所生存的环境以及我们所处的世界都有比较清晰的认识；既涉及生命的相关知识，又包含与之密切相关的其他的知识，将其提升到"生命"的高度上。

在我国的教育体系中，没有系统的生命教育课程，仅仅是零散地对生命特征等进行了一些基本的介绍。因此，在高校的生命教育课程中，应当在生命特征的基础上引导学生对生命进行深入的了解，探讨生命的本质，发现生命的真谛。只有清晰地感受到生命的存在，认识到生命的本质，才会珍惜生命、敬畏生命。

二、理解生命关系

人的本质是一切社会关系的总和。人是社会的人，任何人都不可能脱离社会独自存在。理解人与人的关系、人与自然的关系对于人的发展是至关重要的。

理解生命关系首先要理解人与人的关系。大学教育培养的是一个个具有独特认知、情感和意志等个性的人，而不仅仅是知识的容器。大学生群体是一个思维和情感活跃、精力充沛的群体，迫切需要他人的接纳和认可，与他人建立起各种关系。在与他人相处的过程中，应当尊重彼此的个性，自觉克服自身的缺点，最终彼此接受，共同提高。人的社会性是人存在的根本属性，校园中人与人之间的关系构成了一个微型的"社会"，学校需要引导学生如何在这个社会中健康成长。

理解生命关系还要理解人与自然的关系。古人言："天地与我并生，而万物与我为一。"古人认为，人、万物、天地是一个有机的共生体，人与自然的关系密不可分。生命教育要让大学生意识到人类与自然是相互依存、相互制约的关系，人永远不可能离开自然环境，人在改造自然的同时，更应该注意尊重自然规律，实现人与自然的和谐共生。

三、明悟生命价值

理解了生命的本质，把握了生命关系，我们便回答了"我是谁"和"我从哪里来"的问题，摆在眼前的就是"要往何处去"的问题，也就是明悟生命价值。

生命的价值教育一直以来就备受关注，从各个阶段的思想政治课的设置就可见一斑。但是其教育方式长期饱受诟病，它忽略了人的特点，把学生当成认知的工具而非完整的生命，机械地向学生灌输有关生命的价值与意义等理论。这种方式不仅没起到应有的效果，还容易激起学生的不满与叛逆，与教育的初衷相去甚远。生命教育的培育理念应坚持以学生为本的原则，它是一个从学生的生命安全，到智力、情感、意志健康递进的过程。所以，生命教育的课堂教学不仅应该促进学生认知的自由发展，更应该促进学生的情感、意志等的自由发展，最终促进个体的全面认知发展。因此，提高课堂活力，运用多种方式进行生命教育，引导学生领悟生命价值成为教育的重中之重。生命有自然属性、社会属性和精神属性三个基本属性，与之对应，便有了肉体、社会和精神三重价值。

生命的肉体价值体现在人的存在上。肉体价值让学生明悟自身的真实存在，深入掌握自身的结构与功能，了解身体是一切生命活动的基础。古人云："身体发肤，受之父母。"因此，"善待自己的身体，加强锻炼，保持身体健康，珍爱生命"是高校生命价值教育的基础。

生命的社会价值在大学生促进社会发展、推动时代进步中得以体现。一个人生命价值的体现往往取决于他为社会所创造的价值。一个人为社会贡献了多少价值，就能为自身带来多大的满足感。因此，大学生应当将个人理想融入社会理想中，将个人追求融入实现中华民族伟大复兴的中国梦中，为社会进步贡献自己的力量。

生命的精神价值是将人类与自然界划清界限的价值。人类通过实践创造了璀璨的文明，使自己从自然界中独立出来。生命的精神价值表现在人对精神境界的不懈追求。人死如灯灭，但是薪火永流传，薪火便是人类的精神。世界上没有永恒不变的物质，但存在永垂不朽的精神，中华民族正是以五千年的民族精神为脊梁，才能在风吹雨打中屹立不倒。对于大学生来说，要传承的不仅仅是知识，更是精神。大学生既要学习科学文化知识，又要接受精神文化熏陶，传承民族精神。

第三节　大学生生命教育的模式

一、体验教育

　　体验是最好的教育。何为体验呢？简单地说，就是身体力行，亲身实践。体验教育就是学校组织和引导学生参加实践，使他们把做人做事的思想道德规范内化为健康的心理品格，从而形成良好行为习惯的过程。除了对自己身体素质和学习能力的锻炼外，学生还要树立正确的挫折观，珍爱生命，自强不息。"体验教育"一词是一个完整的概念，但"体验"和"教育"两个要素使我们可以从不同的视角，更加深入地认识和理解"体验教育"的概念。

　　体验教育是以组织性为前提，主要内容是增强学生的主体性、实践性和社会性。学校的体验教育是在学校内部机构引导下的体验，学校各级组织是体验教育的倡导者和推进者，学生在实践中体验的每一个环节，都是在学校各级组织的合理分工、精心指导下完成的。在这个过程中，每一个学生的体验都是独有的、能动性的体验，也是充分体现学生个性的体验。体验是实践的过程，学生在实践中认识，认识后又进行实践，最终把握事物的本质。

二、感动教育

　　感动教育是以感动素材为基础，培养受教育者的感知能力，提高受教育者的共情能力，并使其心灵净化、道德良好以及行为提升的一种教育模式。

它通过营造出某种氛围，将学生的情绪引入特定场景，用情感来打动学生，使学生将某种信念内化为自身的思想，并转化为实际行动。

感动教育必须要有针对性才能感动学生，实现教育目的。人的感动往往是因为共情，共性的问题才能引起学生的共鸣，将其带入特定情感处境中，唤醒生命的力量。只有真实的情感才能触动学生的心灵，只有针对性的生命问题才能引导学生参与其中，否则只会沦为苍白无力的说教，达不到教育效果，也会失去教育意义。

三、自觉教育

自觉教育是个人的一种自觉的自我提高活动，它是不依赖于学校与老师而进行的自我活动。也就是说，个体在学习中遇到疑难问题，也要自己去独立解决，并且个体的调整与自我设计也要自己独立完成。个体的自觉主要取决于个体认知上的自觉性。自觉教育对个体发展的作用是其他教育无法企及的，因为它具有鲜明的自觉性与体验性。国学大师梁漱溟曾明确提出："我的根本主张，是要学生拿出他们的心思、耳、目、手足的力量，来实做他们自己的生活。不一定是他们个人的，就是团体的，也要由他们自己去管理，去亲身经历。总要用他们自己的心思才力，去求他们所需要的知识学问。"梁漱溟认为，只有坚持"务本求实"的原则去改革、去教学、去学习，才能得到理想的结果。从哲学意义上看，事物发展的根本动力是事物本身的内在矛盾。因此，只有个体内在的自觉才是最持久的动力。自觉是时代精神，我们时代的"生命理想"就是拥有"生命自觉"的生命，它也是我们时代的教育理想。生命自觉是时代精神催生的产物，同时也承接了中国传统教育的精髓。它表现为对自我生命的自觉、对他人生命的自觉、对外在环境的自觉以及将不同自觉对象实现沟通转化的自觉。

第四节　大学生生命教育的途径

一、学科教学

以生命教育的眼光发掘学科中生命教育的精神元素，使课堂充满生命的情怀与律动，成为生命课堂，是生命教育的一大途径。

语文作为一门人文学科，蕴涵了极其丰富的生命教育意蕴，它记录了一个民族发展的历程，承载了一个民族的文化。因此，语文教育中本就隐含着生命的辉煌。在语文教学中，既要突出其文化传承作用，也要关注其生命性，注重个体的个性发展，找到生命的美好和价值。历史讲述了人类社会从蒙昧时期一直到现在的足迹，是生命发展最真实的写照。历史事件饱含着人类的生命价值，仁人志士们闪耀着生命的光辉，历史可以让学生感受到人类生命历史进程的艰辛和个体生命力量的厚重，沉重的历史让我们能更加热爱生活，珍爱生命。体育是一门塑造人的身体和精神的课程，它的价值在于，通过运动促进身体的发育，缓解精神疲劳，这与生命教育的基本要求是一致的，即保证身体的健康。但体育带来的不仅仅是身体上的健康，更是精神的磨炼、心灵的净化，以及热情、快乐地面对生活的态度，从而实现生命教育的高层次要求。

二、主题班会

主题班会作为学校活动最重要的一种形式，对于生命教育十分重要。老师要善于利用主题班会这一重要途径，紧扣生命教育的主题，在学生中有效开展生命教育。

要在主题班会中有效地推行生命教育，老师首先应当深入学生的生活世界，了解学生的思想状况和生命现状，认识到班级中存在的主要问题，有目的、有针对性地选择与学生生命现状相关的生命教育主题，关怀学生的生命现状，契合学生的思想现状，紧扣时代脉搏，不断更新教育方法，吸引学生，以取得较好的教育效果。老师要充分利用好家长、社区、综合实践活动等各种校内外资源来丰富班会内容。在生命教育的实践过程中，肖川教授提倡用生命教育教材去改造和提升主题班会，使班会主题序列化，有更明确的追求，学生能更好地发挥自己的自主性、主动性，真正体现出学生在学习中的主体地位。

三、课外活动

作为课堂教学的必要补充，课外活动通常强调通过亲身实践使学生获得大量的直接经验，形成技能，提升解决实际问题的能力。课外活动有利于开阔学生的视野，发展学生的个性，开发学生的能力，丰富学生的精神生活。生命教育不同于其他学科教学，不强调学生掌握系统、全面的生命教育理论知识，而是给人以心灵的震撼和人格的陶冶，使学生自觉在生活实践中树立起生命意识，体验自身的成长，并在具体的实际生活中通过行为、举动表现出来。所以在生命教育中，除了课堂教学之外，教师还应该为学生提供多渠道、多样化的生命成长空间，强调实践的作用，强调通过课外活动进行生命教育。

课外活动是学生体验生命成长的重要途径。要充分利用班级团队活动，节日、纪念日活动，仪式教育，学生社团活动，社会实践活动，研学旅行活动等多种载体，开展生命教育活动，让学生感悟生命的价值。

四、影视作品

生命教育不仅仅是一种知识的教育，更是一种情感的教育、体验的教育。它的教学成效不能单用知识的掌握程度来衡量，更重要的是让学习者在情感上真切地感受到生命的美好，体味到生命的价值。生命教育要达到触及学生心灵深处并使其产生深刻的情感体验的效果，就有必要选择具有生命启迪作用的、相应的精神资源和生动的、有助于体验的教学方式。影视作品是浓缩了的人类文明，蕴含着丰富的生命教育内涵，是生命教育的重要资源。影视作品记录着一个个鲜活生命的生命历程，运用一个个浓缩的、夸张的、丰富的生活片段，生动、鲜活地呈现众生百态，给观者带来身临其境的直观感受和深切触动。每个观众都在别人的生命故事里解读着自己的生命体验，回味着自己的生命旅途，或喜或悲，从而在深层次认识自我的基础上重新接纳自我，更好地投入到生活和学习中去，热爱生活，珍惜生命。特别是一些以生命为主题的影视作品，蕴含着巨大的生命教育资源，教师应该有意识地在自己的生命教育实践中加以运用。

第五节　大学生生命教育的培育

一、转变教育理念

教育观念的深层变革是生命教育的关键。关注生命，秉承教育的理想追求，致力于生命教育理念的构建，其理论与实践意义无疑是重大的。生命教育的核心是珍惜生命，因此，"以人为本"应该成为每个教师的全新的教育理念。在新的时期，教育不应只是关注学生智力潜能的开发，更应该将学生真正看作一个全面发展的人，注重其和谐人格的培养。每一位任课教师都应该树立以人为本的教育理念，把生命教育贯穿于教育的全过程，尤其要渗透于课堂教学的活动之中。生命是独特的，不同的生命群体对于同一事物的接受度不同，因此，生命教育应针对不同的学生群体采用不同的教育方法和教育内容。

二、开发课堂潜能

教育的本质是解放人、发展人，提升人的身心，发展人的潜能，提升人的素质，高校的思想政治理论课教学，是帮助学生形成正确的世界观、人生观、价值观的主要渠道、阵地。因此，生命教育要融入各学科专业的课堂中，依托不同学科的特色实现相应的教育目标。

生命的意义不仅仅在于思考自身生命的本质，还在于探索宇宙的奥妙。

个体的生命要有意义、有价值，必须在尊重客观规律的基础上充分发挥个人的主观能动性、创造性。个体生命要有意义、有价值，必须顺应时代，具有时代精神。生命教育不是通过天花乱坠的演讲表达，而是通过言传身教来传递。生命教育的过程是一种人格的塑造过程，实施生命教育，教师要把学生视作一个有血有肉、有灵魂、有智慧、有情感的独特的主体来开展教育。

三、加强审美教育

大学生思维敏捷，朝气蓬勃，是追求美的群体。在新的形势下，美与丑、文明与愚昧、先进与落后、高雅与庸俗的时代洪流冲击着他们的身心，对其生活方式、思想观念、价值取向产生着巨大的影响。目前，大学生的总体素质在不断上升，但他们的审美素质还存在一些问题或不足，如果不加强审美教育，就会形成对美的追求的误区。审美教育是我国教育中最薄弱的环节，大多数大学生对于音乐、美术、形体艺术等艺术审美类课程有强烈的需求。他们希望提高自己的感受美、鉴赏美、表现美、创造美的能力，充实自己的人生。因此，通过加强审美教育、开设审美课堂、开展审美活动来提高学生的整体素质，促进其全面发展势在必行。

四、优化社会环境

政府要重视利用博物馆、展览馆、纪念馆进行禁毒、法治、环保等方面的教育，为大学生提供固定的生命教育实践基地，要联合各级部门广泛开展"关爱生命，关注安全"等主题宣传教育活动，普及交通、食品、消防和护林防火等方面的安全知识，提高大众的生命安全意识。政府应加强对新闻媒体的监管，严厉打击恶意炒作、诱导错误的舆论倾向等行为。主流媒体应当强调其正面引导的教育意义，对于各类报道应该以务实为基础，正确引导社会舆论，营造和谐的社会氛围。

五、家、校、社会三合力

每个人都和社会上其他人有相应的连接，一个人的生命也不仅仅是个人的事情。而青少年在学习时期，社会构成相对简单，处在一张由家庭、学校和社会作为主要参与体的网络中，青少年的思想行为都与网中的人和事物发生联系。家庭、学校和社会要高度重视青少年学生的心理、生理健康，从生命教育的角度引导他们重视自己的生命与人格。

家庭教育是学生第一任老师。就家庭而言，家长不仅要做好珍惜和爱护生命的表率，还要有意识地帮助和引导子女了解和认识生命现象，树立正确的生命意识，进而学会尊重生命，关怀生命，接纳自我，接纳他人，培养出克服困难和挫折的精神。经过十几年的家庭熏陶，大学生从儿童、少年成长为青年，家庭教育是其个性和人格形成的首要条件和重要因素。

学校教育是最重要的环节。学校是学生接受教育的主要场所，是国家进行教书育人的专职机构，能系统性地开设生命教育相关课程，集中开展各类生命教育专题活动，对于学生的认知和发展有着极其重要的意义。实施生命教育，要按照学生的身心发展特点和教育规律来进行，整体规划生命教育内容序列，使"了解生命知识，理解生命关系，明悟生命价值"的教育内容与各个人生发展的认知阶段有机衔接。

社会是实践生命教育的场所。要形成关爱大学生的良好氛围和有效机制，教育大学生用法律途径保护自己的合法权益，加大关爱大学生宣传力度。

大学生生命教育是一项涉及家庭、学校和社会各方面的系统工程，需要多方的共同努力，才能增强生命教育的科学性、系统性、针对性和有效性。我们必须站在时代的前沿，从热爱生命的高度重新认识高等教育的应有状态，积极反思现代教育中生命教育价值凸显与生命教育缺失的问题。努力探寻生命教育开展的有效途径，为促进生命教育在高校富有成效地展开，为营造和谐、健康、关爱的社会发展环境而尽心尽力地履行教育的神圣职责。高校作为研究和实践的前沿，对生命教育的开展任重而道远。

第六节　大学生生命教育的意义

一、认识生命

　　人的生命存在首先是生物学意义上的存在，具有有限性、独特性、开放性和完整性。个体生命是有限的，生命从出生就开始走向死亡。生命是独特的，每个生命都是独一无二的存在，每个生命个体都是无法替代的。生命是开放和发展的，生命的意义不在于起点，而是在于发展的历程和最终实现的高度。每个生命都是完整的个体，不仅包含个体本身，还包含了周围的环境和社会关系，个体通过与环境的交流与整个世界紧密联系在一起。个体生命在时空中是不可重复的，一旦丧失就永远无法挽回。作为精神生命，人具有超越性，以有限的生命去探索无限的宇宙，以短暂的时光实现生命境界的永恒。因此，生命是无价的。大学生生命价值教育首要目标就是引导和帮助大学生深刻认知生命的本质，促进精神的觉醒，创造独特的生命价值，最终提升自身的生命境界。

二、敬畏生命

　　敬畏生命是人类在漫长的时光里始终坚持的价值准则。人类的祖先早在茹毛饮血的时代就意识到了生命的脆弱，对死亡产生了高度敬畏。在此情绪下催生了祭祀等仪式，并借此衍生出了伦理、宗教、哲学等文化，去寻找生命的慰藉。在人类文明形成过程中，人类的文化就是围绕敬畏生命的主题展开的。在经济快速发展、社会变革加快的当下，人的意识形态受到了前所未有的冲击，人们对生命的态度开始淡漠。因此，建立以敬畏生命为核心的伦理文化尤为迫切。通过生命教育，我们能唤醒学生敬畏生命、珍惜生命，形成道德共识，从而提升生活意义，实现生命价值。

三、尊重生命

生命机体内蕴藏着巨大的能量和无限的潜能，因此，大学生应尊重、敬仰和热爱生命。任何生命体都有谋求生存与成长的力量，这是生命的本性，正如弗洛姆所说："一个有机体的第一义务便是活着。'去活着'是一种动力学的概念，而不是一种静力学的概念。"显然，这种力量是与生俱来的，是生命自身的性质。在"向生"的动力驱使下，生命发展出缤纷的色彩，展现了生命的独特魅力。人生来便具有爱的情感，生命的爱来自生命的内在天性以及生命成长过程中所获得与所学到的爱。爱与生命之间相辅相成，生命的成长需要爱的浇灌，爱在生命中才具有意义。因此，大学生应发自内心地热爱生命、尊重生命。

人是自然界中最特殊的生物，具有强大的适应能力和改造能力，能适应各种环境，更能通过有意识的劳动对自然进行改造。人的生命具有极大的可塑性，拥有无穷的发展潜力和提升空间。生命是人超脱动物所不可或缺的物质条件，没有生命的依托，人类的知识、文化、智慧也就成了水中月、镜中花。生命弥足珍贵，应予以尊重。

四、发展生命

生命是发展的，每个人都有着无穷的生命潜能。生命潜能是客观存在的，需要发掘并释放出来，这是自然的倾向。生命有潜能，犹如一粒橡籽迫切希望成长为一棵橡树那样，身体健壮的人喜欢运用他们的体力，有智力的人必然趋向创造性的活动。人有各种各样的生命潜能，根据美国人本主义心理学家奥托的研究，人类潜在能力可以表现为我们不断感觉到的阈下意识、创造力、脑力活动、精神潜力和"摩西老母效应"等。马克思从哲学的高度指出："人自身作为一种自然力与自然物质相对立。为了在对自身生活有用的形式上占有自然物质，人就使他身上的自然力——臂和腿、头和手运动起来。当他通过这种运动作用于他身外的自然并改变自然时，也就同时改变他自身的自然。他使自身的自然中沉睡着的潜力发挥出来，并且使这种力的活动受他自己控制。"马克思认为，潜力通过人的能动性和创造性的活动展现出来，转变为实际能力，最终自我实现。

生命的发展蕴含着无限的可能性。爱因斯坦激发自己的潜能，创立了相对论；马克思和恩格斯激发生命的潜能，透过纷繁复杂的社会现象，把握住了人类社会发展的本质，完成了震古烁今的《资本论》。人的发展归根到底就是人在成长过程中不断挖掘自己的潜能，实现人生的价值，实现生命的升华。大学生的成长不仅仅是提升认知的过程，更是挖掘潜能的过程，除了生命本身，还涵盖了所处的社会乃至宇宙，不局限在客观存在，还囊括了精神的发展。通过进行全面而系统的生命教育，才能让大学生明悟生命的真谛，发挥生命的潜能，实现生命的全面发展。

第七节　大学生生命教育的实施

一、生命教育之案例分享

在 2016 年召开的全国卫生与健康大会上，习近平总书记用"敬佑生命、救死扶伤、甘于奉献、大爱无疆"16 个字，概括了广大卫生与健康工作者的职业精神。广大卫生与健康工作者怀揣"医者仁心"的职业信仰，肩负防病治病、传播健康的使命，是建设健康中国的重要力量。作为浙江省内唯一独立设置的卫生健康类高职院校的宁波卫生职业技术学院，已建成"全方位、全生命周期"的健康服务专业体系，秉承"仁爱、健康"的校训，秉持"以人为本、选择多样、仁术融合、人人出彩"的教育理念，致力于培养具有创新创业精神的"厚人文、明医理、强技能、高素质"的岗位胜任力强的技术技能型健康服务人才。

1. 案例背景——生命教育的缘起

有一位老师名叫王德尚，生前是我校前身宁波医学专科学校的病理教师，在临床病理工作一线勤奋工作 50 载。他始终坚持医、教、研结合，参与编写过《病理学及疾病概要》等教材，退休以后仍坚持从医执教，先后在宁波 10 余家医院从事病理相关工作，多次获得宁波市自然科学优秀论文奖，被评为学校先进工作者，培养的学生更是桃李满天下。2020 年 3 月，王老师因脑血管大面积破裂去世后，其家属遵照他本人遗嘱把遗体捐献给宁波卫生职业技术学院。他在遗书中写道："以后万一我意外身亡，请将我的遗体捐献

给医学科学事业，将我有用的器官捐献给有用的人。我的部分器官将活在世上，这是我生命的延续。”更可贵的是，他同为医生的夫人在2016年去世后，同样把遗体捐献给了宁波卫生职业技术学院。夫妇甘当“无语良师”的精神感召着我们一代又一代年轻的医学工作者。（见图7–1）

图7–1　宁波卫生职业技术学院师生参加王德尚老师追思会

“敬佑生命，感恩‘无语良师’”是宁波卫生职业技术学院医学技术学院新生始业教育的重要组成部分，旨在让新生从人体器官、遗体捐献开始，真正打开他们走向医学世界的大门，让他们懂得敬佑生命之重，感受生命之美，领略生命之意义。进一步传承学校“仁爱、健康”的校训，铭记“无语良师”们大道无垠的崇高风范，弘扬“敬佑生命、救死扶伤、甘于奉献、大爱无疆”的精神。医学生们作为新时代卫生与健康工作者，将牢记“健康所系、性命相托”的医者仁心与誓言，践行使命担当，传承中华传统美德。（见图7–2）

图7–2　宁波卫生职业技术学院学生为“无语良师”献花

2. 案例内容——生命教育的传承

（1）感恩"无语良师"，在始业教育中开展生命教育第一课。

学校在每年大一新生入学的始业教育和 10 月 15 日"世界解剖日"都会在追思室开展"敬佑生命，感恩'无语良师'"线上祭奠与线下缅怀相结合的生命教育活动。同时，采用"引进来"和"走出去"的方式，开设生命教育大讲堂《医路起航赓续红色命脉，强国有我不负青春韶华》，引导学生聆听生命故事，感受青春力量。积极组织学生赴烈士陵园开展擦拭烈士陵墓等"礼敬生命"活动，用实际行动表达对生命的敬畏之情。通过理论与实践相结合的多渠道的沉浸式生命教育方式，引导医学生感受大体老师和无名先辈的大爱无疆精神。（见图 7-3）

图 7-3　宁波卫生职业技术学院开展学生生命教育第一课

（2）体悟"生命要义"，在专业教学中融入生命教育思政元素。

基于学院医学类专业群的大背景，在专业教学中尤其在医学基础课程中融入以"敬佑生命、救死扶伤"为主题的思政案例，增强学生的医护职业精神与职业情怀；在人体解剖课中，开展解剖学绘图比赛，增强学生的医学艺术鉴赏与美育价值；在解剖课教学中开展临床应用解剖培训追思会，师生一起体悟生命要义，励志为医学事业奋斗终身。（见图7-4）

图7-4 宁波卫生职业技术学院生活教学中的生命教育元素

（3）培育"生命之花"，在志愿服务中折射生命暖阳。

2018年6月，"生命之花"关爱生命志愿服务项目正式立项，团队成立以来，通过大力开展缅怀祭奠遗体、器官捐献者等活动，记录遗体和器官捐献者的生平事迹，为登记者及捐献者家属提供健康宣教、心理疏导等志愿服务，目前已走访遗体捐献者近30名，志愿服务百余次，也获得了许多家属的认可。（见图7-5）2021年6月4日，宁波市红十字角膜捐献科普宣教基地在宁波卫生职业技术学院成

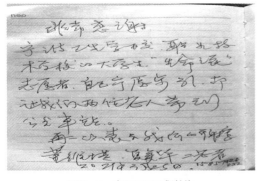

图7-5 家属手写感谢信

立，浙江省首个角膜捐献科普宣教基地正式挂牌，并组建"明眸追光"志愿服务队，该团队秉承"仁爱、健康"的校训，常态化深入医院、社区、敬老院等重要场所，大力开展角膜捐献知识的宣讲普及活动，让更多的人了解、学习角膜捐献的知识，宣扬捐献角膜的高尚行为。努力弘扬博爱奉献精神，培育更多有情怀、有温度的"生命之花"。（见图7-6）

图7-6　志愿服务团队开展多项活动

（4）诠释"生命奥秘"，在科普万众中传播生命善美。

人体生命科学馆是卫生健康类专业师生和医护专业人员开展专业教学和科学研究的重要场所，也是一个城市进行生命健康科普宣教的重要基地。依托宁波市首个人体生命科学馆的开馆，"生命之花"志愿者团队积极组建"生命之花"科普宣教志愿团队，采取标本展示、视频互动、体验参与等手段，通过"生命之初""生命之美""生命之重""生命之光"四大主题向社会大众诠释生命健康奥秘，普及生命健康知识，提升公众健康素养，形成了最具特色的互动式生命健康科普教育，用身体力行服务社会，传播生命的善美。（见图7-7）

图 7-7　人体生命科学馆中开展的多项活动

（5）传递"生命力量"，在传承铭记中书写"大体老师"生命历程。

"生命之花"遗体捐献者生平事迹寻访社会实践小分队寻根问迹，已经采访编辑了 2005—2018 年大体老师的生平事迹，从甘愿延续生命意义的退休教师王德尚同志，到传递生命温度的汪敏同志（宁波市医疗中心李惠利医院器官捐献协调员），再到懂得感恩生命力量的时代青年，都在通过自己的方式传播着生命教育的理念，体会着生命的价值与重量。志愿者们亲手将大体老师们的生平事迹与感人精神进行了记录与撰写，用文字再次诠释那些"无语良师"们生命的意义与力量。

3. 主要成效——生命教育的价值

（1）唤起学生仁心仁术的生命情怀。

生命教育第一课作为我校每年新生始业教育的重要组成部分，通过搭建学习生命教育的实践平台，提升医学生的生命理念和核心素养。大学生的生命教育第一课先后被甬派、宁波晚报、现代金报、浙江工人日报、浙江新闻、职业教育、人民日报等多家媒体争相报道。（见图 7-8）

图 7-8　生命教育第一课被多家媒体报道

（2）唤起教师立德树人的生命素养。

在三全育人视角下，专业中融入课程思政的生命教育元素获得了很多奖项。"生命之花"关爱生命志愿者服务队指导老师曾斌副教授的人体形态学课程获得"浙江省第一批省级课程思政教学项目（高职）/示范课程"等多项省级课程思政的课题与奖项；"三堂联动、多空滚动"的人体形态学课程思政构建与实践相关成果更是获得了浙江省职业教育优秀教学成果奖二等奖、宁波市高等职业教育思政德育类优秀论文二等奖；个人还获得了2019年度宁波市高校"优秀课程思政教师"称号，所在专业的基础医学教研室获得"浙江省第一批省级课程思政教学项目（高职）/示范基层教学组织"荣誉称号。（见图7-9）

图7-9　课程思政生命教育元素获多个奖项

（3）唤起学生职业生涯规划的生命诠释。

"生命之花"关爱生命志愿服务队的学生发起创立了宁波市器官捐献志愿者联盟。一名团队成员的职业生涯规划作品——《立志做一名器官捐献协调员》获浙江省大学生职业生涯规划大赛一等奖。2021年"敬畏生命、关爱健康、传承美德"项目，获学校新时代文明志愿服务大赛二等奖。团队成员们也积极自愿报名参加角膜捐献志愿登记，身体力行弘扬着"敬佑生命、救死扶伤、甘于奉献、大爱无疆"的新时代医疗卫生工作者职业精神。

（4）唤起师生志愿服务社会的生命动力。

人体生命科学馆开馆至今，"生命之花"的师生志愿者已累计为800多人次讲解生命科学专业知识，青春健康、献血求助等医学知识，并融入演绎学习急救技能、生产生育疼痛等沉浸式科普，很好地唤起和激发了广大师生利用自己专业的知识自觉服务社会的生命实践力。

（5）唤起社会大众感知生命意义。

"生命之花"遗体捐献者生平事迹寻访社会实践小分队身体力行，为大体老师的生平书写传记《谱写生命华章，绽放绚丽之花》，记录捐献申请者生平故事，赞美他们无私奉献的美好心灵，积极组织开展各种形式的活动缅怀祭奠捐献者。这项工作不仅得到学校的认可，更是得到了遗体捐献者家属的认可和社会各界的广泛称颂。习近平总书记给北京大学援鄂医疗队全体"90后"党员的回信："让青春在党和人民最需要的地方绽放绚丽之花。"① 我校志愿者们是通过对大体老师生平的书写接受生命教育，表达他们也必将在党和人民最需要的地方绽放绚丽之花的生命情怀。

4. 推广与应用——生命教育的推广

（1）"生命教育"三课堂搭建与联动，实践立德树人新模式。

现代职业教育规律明确了"仁爱精神"为立德之魂的育人导向与目标。分阶段、有重点地培养学生的生命教育精神和核心素养，实现人才培养的科学精神与人文精神的统一与常态化运行，让学校成为培养天使的摇篮。

（2）"仁爱、健康"校训的传播与落地，构建办学影响力。

"生命之花"关爱生命志愿服务队长期开展的义教、义医等志愿活动，有效地促进校地共融、院社相结合的科普教育模式形成，凸显了学校办学影响力，提升了学校美誉度，让学校成为"仁爱"文化弘扬传承的窗口。

（3）"仁心、仁术"中华传统美德的传承与发扬，绽放"生命之花"。

"无语良师"是一棵棵仁爱之树，百年树人，一代一代人"敬佑生命、救死扶伤、甘于奉献、大爱无疆"的精神将在祖国大地盛开绚烂多彩的生命之花，让学校成为大道无垠的良师培养之地。

---

① 习近平. 习近平回信勉励北京大学援鄂医疗队全体"90后"党员——让青春在党和人民最需要的地方绽放绚丽之花 [N]. 人民日报，2020-3-17（01）.

二、生命教育之专业服务

1. 案例概述

2021年6月26日，宁波首个人体生命科学馆开馆仪式在宁波卫生职业技术学院举行，标志着在国内处于领先水平融人体生命科学知识普及、公众素养提升、专业教育教学、医学科学研究于一体的大型现代化生命科学教育科研基地在宁波落成。

人体生命科学馆面积2300多平方米，以1500多件真实人体标本作为基础，借助图片、视频、现代信息技术等手段，揭示了生命的孕育、诞生、发展、衰老、疾病与死亡的整个过程，展示了人体九大系统的解剖结构，可实现教学、科普、育人、研究四大功能。该馆由科普馆和专业馆组成。科普馆以生命孕育、健康成长、健康生活的生命全周期为轴线，采取标本展示、视频互动、体验参与等手段，通过"生命之初""生命之美""生命之重""生命之光"四大主题诠释生命健康奥秘，普及生命健康知识，提升公众健康素养。专业馆包括按照人体结构九大系统设计的人体标本陈列室、人体解剖数字化的虚拟实训室、教学科研一体的解剖工作室、寄托哀思和敬意的"无语良师"缅怀室等功能场所，是一个综合性的现代化教学科研平台。

人体生命科学馆是生命教育面向社会开展专业服务的重要平台，是卫生健康类专业师生和医护专业人员开展专业教学和科学研究的重要场所，也是一个城市进行生命健康科普宣教的重要基地。未来，将把科普馆作为生命健康素养拓展基地、生命健康教育基地，把专业馆作为生命健康教学基地、开展医学专题研究基地。

2. 案例内容

（1）专业讲解。

为了更好地发挥人体生命科学馆作为生命健康素养拓展基地、生命健康教学基地的作用，全方位地向广大师生与社会大众普及人体科学知识和健康生活理念。除了有医学背景的老师专职从事人体生命科学馆的专业讲解工作外，2021年9月22日，宁波卫生职业技术学院工会和妇联面向全校积极组建生命科普"风信子"教师宣讲员团队，有28位教职工参与其中。

理论学习：培训老师从职业道德、专业技能和专业知识三个方面对志愿者们进行了生动有趣的科普知识讲解培训，细致梳理了讲解时应注意的事项，包括礼仪规范、专业术语的运用、理论切入口等。讲解综合了教师、播音、演讲、话剧、表演等专业的技术手段，是专业性、知识性和艺术性的综合。讲解员既要担负着宣传和教育的职能，又要有效地组织引导观众参观，此外还担负着协调处理、写作研究等义务和职责。（见图7-10）

图 7-10　进行教师理论培训

实地感受：志愿者们进入人体生命科学馆进行实地参观培训。各种普通、塑化、铸型、透明标本，让人目不暇接；分娩阵痛、体能测试、脑电波对抗等互动体验设施，令人流连忘返。集知识性与教育性于一体的人体生命科学馆让志愿者们在体验的过程中既深入了解了生命的起源、人体的结构与功能，又学到不少疾病与生命健康知识。（见图7-11）

图 7-11　人体生命科学实验馆实地感受

（2）参观体验。

人体生命科学馆主要面向卫生健康专业的学生、教师以及医护专业人员开放，开展专业教学和专题研究。为使面向社会提供生命教育的服务更加专业化，参与讲解的成员在培训教师的带领下实地参观体验，熟悉了解馆内的各类生命教育知识和各项操作设施。

人体生命科学馆将发挥现代化教学科研和智能化科普两个平台作用。既是实践教学、实习实训的重要场所，又是展示校情、宣传教育的生动课堂，还是传承红十字精神和志愿服务精神的阵地。专业服务队伍的加入确保了民众医学科普知识、健康意识、预防保健意识和疾病防治意识等作用得到发挥，科学馆的社会服务功能得到进一步彰显。

3. 案例成效

从开馆至今，人体生命科学馆已经面向宁波市政协教育界别一组委员、宁波市老教授协会成员、浙江省中小学教师师资培训班成员、宁波市特殊教育学校学生、绍兴职业技术学院护理学院在甬实习生党员等社会各界群体开展了多场科普宣讲和实践体验，生命教育的社会服务成效显著，师生服务队伍更加专业化。

其中，生命之初展厅，结合了宁波卫生职业技术学院护理、助产、幼儿保健、言听康复等专业特色，着重介绍生命初始阶段的过程，既体现了生命的神奇，也伴随着孕育的艰辛，以时间为序展示生命的孕育、胚胎的发育、生命的诞生、幼儿的发展，有助于参观者全方位了解胎儿从孕育到出生的奇妙过程，感受生命的奥秘，见证新生命诞生的奇迹。

　　一场场特殊的追寻生命奥秘之旅，让参观体验者们对生命这个神圣的词语有了更深刻的理解，并将对生命的感悟倾注到学习生活中，更加热爱生命，珍惜生命。（见图 7-12）

图 7-12　人体生命科学馆各类参观体验活动

4. 案例总结

（1）专业讲解队伍仍需扩充。

　　人体生命科学馆立足学校卫生健康类办学方向和医学类师生的专业背景，虽有比较稳定的专业讲解队伍，但真正可以完整承担全套讲解任务，具备足够生命科学专业知识的师生还有所欠缺，需要后续进一步强化培训和实践锻炼。

（2）"走出去 + 引进来"亟待融合。

　　人体生命科学馆目前的社会服务功能的实现多以"引进来"为主，社会各界人员实地到访参观学习生命发展的历程，接受生命教育的洗礼。当前，受新冠疫情不确定性因素的影响，大批人员进校体验在一定程度上会受限制。基于此，后续可尝试将生命教育知识拍摄制作成视频等多媒体作品，便于"走出去"推广展示。

三、生命教育之健康服务

1. 案例概述

健康是促进人的全面发展的必然要求，是经济社会发展的基础条件，是民族昌盛和国家富强的重要标志，更是生命教育社会服务的重要内容。

宁波卫生职业技术学院作为浙江省唯一的卫生健康类高职院校，以"仁爱、健康"为校训，围绕健康体检、口腔保健、CPR急救知识科普、中药文化科普、睿镜艺检等项目开展社会服务，旨在全方位推进生命教育，培养新型的健康服务人才。

2. 案例内容

（1）健康体检。

测量血压和血糖是解读健康的基本内容和方式。学校通过组建"解读健康、助力健康"社会实践服务团队，深入社区、学校、敬老院等地，开展健康体检工作，团队成员既巩固了专业知识，又体现了医学生服务社会的精神风貌。（见图7-13）

图 7-13　医学生为老人们测量血压

（2）口腔保健。

经过专业的知识讲座、定期系统的实践培训及严格的考核，开展以健康引导为主题的口腔保健指导以及知识宣讲等为主要内容的社会服务活动。针对不同年龄段的受众进行专业化、个性化、规范化的"菜单式"口腔保健服务，帮助社会民众提升口腔的健康意识，学会正确的口腔保健方法。（见图7-14）

图 7-14　医学生为社区民众进行口腔检查

（3）CPR 急救知识科普。

为了让更多的人了解急救知识，掌握基本的急救技能，在关键时刻能够对急救病人有所帮助，学校积极组建"青春 CPR 健康宁波"服务团队。"CPR"是心肺复苏术的简称，是针对骤停的心脏和呼吸采取的救命技术。作为医学院校的学生，更有责任和义务面向全社会做好 CPR 的知识普及和技术培训。（见图 7-15）

图 7-15　科普 CPR 急救知识

（4）中药文化科普。

通过中药文化的科普宣讲服务活动，集中展示中医药的科学价值、特色优势，体现中医药在当前维护人民健康、弘扬我国优秀传统文化等方面的重要地位和作用，让广大人民群众进一步了解中医药、认识中医药、感受中医药，增强中医药文化知识的普及力度、提高全民健康水平。（见图 7-16）

图 7-16　科普中药文化

（5）"睿镜艺检"服务。

"睿镜艺检"是一支进行营养性贫血公益筛查的健康服务团队，利用显微镜检查，再结合学校医学检验技术专业的相关知识，对各年龄段人群营养性贫血的状况进行筛查，能及早发现，及早干预，及早治疗。该团队秉承"仁爱、健康"的校训，敬佑生命，守护健康，为爱前行，用形态学检验技术服务身边人。（见图 7-17）

图 7-17　"睿镜艺检"志愿服务团队

3. 案例成效

通过一系列健康服务和社会实践，不仅锻炼提升了医学生的专业知识和能力，还进一步彰显了生命教育多领域的社会服务功能。

口腔保健方面的科普宣传和检查指导，增强了普通民众的口腔防护知识，做到健康守护口腔卫生，该团体曾荣获 2018 年宁波市高校"先进大学生集体"等荣誉称号。

中药文化科普团队借助制作香囊、药叶等方式，向广大社会群体普及中药养生、健康防护的生命教育理念，尤其鉴于当前新冠疫情防控常态化形势，中药的健康涵育作用更为突出，"本草薪火"中药文化科普服务队荣获2020年浙江省暑期社会实践风采大赛"百强团队"。

志行吾医，成"救"你我——青春CPR健康宁波服务团队，通过现场一对一指导普通民众学习掌握心肺复苏的关键动作，"以点带面"提高了群众的急救能力，取得了良好的社会效益，为生命保驾护航。

4. 案例总结

（1）健康服务内容未形成成熟的体系。

生命教育实质是涵盖一个人生命的全周期、全方位的，健康服务的内容也应全面融合和展现。总体而言，当前服务的内容还比较单一，内容比较分散零乱，且多以宣讲科普为主，系统性不足。

（2）健康服务对象未实现多元的覆盖。

目前，各类健康服务的对象多以社区居民、学校学生群体为主，以"一老一小"居多，但基于当前社会现实压力，中间年龄段群体也存在诸多"亚健康"问题，也需强化健康知识传授和服务体验。

四、生命教育之志愿服务

1. 案例概述

志愿服务是生命教育社会化的延伸和拓展，志愿者通过结合专业知识和各自特长面向社会各类群体开展志愿服务，真正将尊重生命、守护生命、缅怀生命的理念贯穿于实践，达到生命教育的目的。

2019年初，宁波卫生职业技术学院与宁波市委宣传部、市民政局、团市委等单位共建全国首个志愿服务综合基地，将宁波市志愿服务基金会、宁波志愿者学院等全市志愿服务专门机构迁入，2020年进一步将中国志愿服务研究中心浙江（宁波）分中心引入，打造宁波志愿服务的专业化"大脑"。

学校始终立足"仁爱、健康"校训，注重培养师生生命教育的理念和精神，并以志愿服务为主渠道，实现生命教育理论与实践的有效融合。至此，该校的生命教育逐步社会化，志愿服务工作逐步品牌化，呈现百花齐放的状态。

2. 案例内容

（1）"爱心天使"志愿服务。

2007年1月，由宁波卫生职业技术学院护理学院发起的"爱心天使"志愿服务队正式成立，同时启动安宁疗护生命关怀志愿服务项目，与宁波市医疗中心李惠利医院、明楼社区服务中心等多家医院结对开展临终病患的安宁疗护和生命关怀志愿服务。（见图7-18）

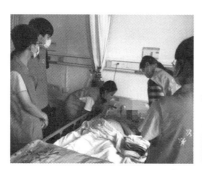

图7-18　"爱心天使"志愿服务团队

（2）"爱驻夕阳"志愿服务。

2016年，"爱驻夕阳"老年保健与管理专业社团成立。社团以敬老、孝老、助老为宗旨，利用学生的专业特长，为老年人提供"夕阳保健、夕阳健脑、夕阳文娱"三大模块内容的志愿服务活动。（见图7-19）

图 7-19 "爱驻夕阳"志愿服务团队

（3）"生命之花"志愿服务。

2018 年 6 月，"生命之花"关爱生命志愿服务项目正式启动。团队通过走访遗体和器官捐献者的家属、朋友以及同事，记录并宣传捐献者生平故事和无私美好的心灵，利用专业知识为他们的亲人提供健康服务和心理关怀。（见图 7-20）

图 7-20 "生命之花"志愿服务团队

（4）"爱撒无声"志愿服务。

2012 年，"爱撒无声"言语听觉康复技术专业协会成立。协会坚持"向阳而生，为爱前行"的服务理念，发挥专业优势，为宁波市康复机构的听障儿童和社区、养老院中的听障老人提供康复服务。（见图 7-21）

图 7-21 "爱撒无声"志愿服务团队

3. 案例成效

2016 年 12 月 5 日，宁波卫生职业技术学院各类专业志愿服务项目正式整合优化为"宁卫号"健康专列志愿服务活动项目，包括"青春健康行动""爱撒无声行动""阳光助残行动""守护生命行动""安宁疗护行动""情牵暮年行动"等 11 个专业化志愿服务子项目。

学校荣获"浙江省红十字奉献服务奖"；"爱撒无声"言语康复志愿服务项目获得第三届中国青年志愿服务项目大赛银奖；"爱心天使生命关怀"志愿服务项目获得浙江省青年社会组织志愿服务项目大赛优秀项目奖；"爱撒无声"志愿服务队获得浙江省优秀志愿服务集体；"宁卫号"健康专列志愿服务团队荣获"宁波市最佳志愿服务组织"称号。

4. 案例总结

（1）以专业知识为引领开展志愿服务，体现了生命教育的特色。

基于各类专业知识开展生命教育志愿服务，不仅有助于实现志愿者自身的价值，提升专业能力，而且还能将志愿服务践行成一项专业化、系统性、持续性的生命教育工程。

（2）以实践活动为依托开展志愿服务，彰显了生命教育的效度。

生命教育的志愿服务不应只停留于理论的科普宣教，扎实有效地开展社会化实践活动才是核心内容，通过亲身体验和服务行动更能感悟到生命的意义，推进生命教育的实效。

（3）社会服务影响力有待提升。

目前，人体生命科学馆作为宁波市科普基地，在当地的生命教育科普过程中起到了积极的助推作用，是教育界和医学界实践学习的良好平台。今后，还可在此基础上，进一步拓展此馆的社会服务影响力，争取辐射至更多的地域和人员。

五、生命教育之临终关怀

1. 案例概述

随着现代化的发展带来的巨大变革，我国老龄人口急剧增加，导致家庭传统的照护变弱，承受亲属死亡的能力衰退。临终关怀，是为临终患者提供心理、生理、康复等医护及生活方面照护，能最大限度地减少生命垂危者生理、心理上的痛苦，减轻家属心理负担，让临终患者有尊严地走完人生最后的旅程。

在厚德大爱的港城宁波，有这样一支团队：宁波卫生职业技术学院"爱心天使"生命关怀志愿服务队。这是一支由护理专业学生组织发起的，传承"仁爱、健康"校训，号召校内外有爱心、有责任心的大学生共同参加的开展临终关怀的志愿服务队。

服务队于 2007 年成立，对接宁波市三家医院（李惠利医院、宁波第五医院、鄞州区人民医院）。2018 年 12 月，与浙江省首家安宁疗护病房——鄞州区明楼街道社区卫生服务中心签订共建志愿服务基地协议。"爱心天使"生命关怀志愿服务队成立以来，收获了全省高校教书育人典型案例、宁波市最佳志愿服务项目奖、宁波首届高校校园文化品牌等荣誉。

临终关怀的缺失有着复杂的现实原因：一是医学水平对于许多癌症或其他疾病尚无有效根治方法；二是由于医院病床紧缺，当前部分临终患者在生命的最后阶段都"被"出院，无法得到专业的陪护；三是患者及其家属大部分深受中国封建思想、传统文化的影响，对死亡的认识缺失，没有树立正确的死亡观；四是患者家属没有受系统全面的临终关怀的知识教育，满足不了临终患者最后有尊严、有质量、无痛苦、无遗憾地走完最后人生旅途的愿望。这支团队因此得以建立。

2. 案例内容

（1）确定预设目标实施主体与对象。

生命关怀服务队利用节假日和双休日，依托学校校外实践基地，对临终患者进行全方位照顾。目的是要通过此项实践服务活动，真正发挥实践育人的功能，引导广大志愿者在服务临终患者及其家属的过程中对自身专业、生命价值等做深层次的思考。同时，服务队还会举办一些生命教育的义工活动以及团日活动，引导学生增强对生活的信心和社会责任感。此团队实施主体为护理学院学生，对象为校外实践基地以及各社区的临终患者。（见图7-22）

图7-22　学生志愿者与社区老人合影

（2）搭建实践平台。

一是成立生命关怀实践服务组织机构。2006年底，学校成立生命关怀实践领导小组，负责生命关怀实践服务的开展。二是组织调研、制定实践服务实施方案。2007年初，成立"爱心天使"临终关怀志愿服务队（后更名为"爱心天使"生命关怀志愿服务队），制订临终关怀实践服务计划，并与李惠利医院结对，后期又将志愿服务范围扩大到宁波第五医院和鄞州人民医院。2018年12月，与浙江省首家安宁疗护病房——鄞州区明楼街道社区卫生服务中心签订共建志愿服务基地协议。三是精心选拔志愿服务队队员。在新生始业教育中进行临终关怀实践服务宣讲，在报名的新生中通过筛选、面试，挑选队员进行培训，以及试服务。

（3）组织专业培训。

一是邀请临床一线医生、护士等进行培训。二是邀请校内专业老师为项目成员授课。不仅从护理专业角度给予一定的辅导，同时培养项目成员热爱公益志愿服务事业的良好思想品格。三是志愿者相互交流。在每天的实践服务后组织队员召开座谈会，谈体会，说感悟，写心得。（见图7-23、图7-24）

图7-23　志愿服务团队与浙江大学宁波理工学院的三叶草志愿服务队的交流

图7-24　志愿服务团队去宁波市中医院调研学习

（4）开展志愿服务。

志愿者在临终关怀实践活动中对临终患者及其家属提供全面的照护。一是对临终患者进行生活护理。志愿者们主要协助护士做好患者的清洁护理工作。二是对临终患者进行心理护理，临终患者的情绪多为低落、抵触、恐惧，因此，要与患者建立良好的关系，耐心倾听他们的心声，适当地进行心理疏导，在恰当的时机引入正确的死亡观，提高临终期的生命质量。三是观察临终患者的病情，并为他们进行康复护理。四是为临终患者家属服务。在服务过程中，对家属的支持也是不可或缺的，志愿者们会对家属给予理解和同情，协助家属做一些力所能及的事情。（见图7-25）

图 7-25　志愿服务团队暑期社会实践

（5）采取具体举措。

开拓创新机制，构建实践育人特色培养模式，建立三项机制。① 项目化运行：运用项目管理的机制，发挥项目管理的优势，确保学生在社会实践过程中的主导性与资金、资源使用的最大效益。② 专业化培养：引导学生结合自身专业知识和技能，积极参与解决临终关怀相关社会问题的研究和实践项目，最终形成调查报告和研究论文。③ 团队化运作：进行团队分组，鼓励各团队结合自身专业知识和技术优势，真正做到各具特色。

积极多维互动，形成创新社会实践合力，三课堂联动。① 发挥第一课堂主渠道作用：通过慕课"安宁疗护"，加大对临终关怀相关知识的普及和教育。② 加强第二课堂主阵地作用：深化临终关怀培训内容体系，不断创新宣教活动形式，拓展临终关怀的社会服务阵地，注册"善时、善终——安宁疗护"公益创业组织。③ 深化第三课堂辐射作用：创新社会实践的实施方式，联合社会、医院、高校，以"医学生—大学生—社会群体"为推广模式，和社区、医院形成联盟，立足宁波，辐射浙江，传播临终关怀理念。

加强成果转化，深化志愿服务实践育人品牌，三位一体。① 服务分享：通过突出事迹分享会、志愿服务交流会等形式，激发学生本人志愿服务的热情，让学生在感悟中成长。② 项目孵化：建立大学生志愿服务项目孵化基地，加强优秀大学生志愿服务项目的孵化和培育。

3. 案例成效

（1）该项目目标的达成度较高。

生命关怀志愿服务在志愿活动中得到病人、家属的一致好评，无数的感谢信、亲手谱写的赞美歌等翩翩而至。医院的医护人员也对志愿服务队的工作给予了极大的肯定。同时，社会各界对于志愿服务队的工作给予了众多荣誉。2010 年 8 月 22 日，服务队陈君艳同学帮助年仅 9 岁的白血病患儿小佳宁筹得 30 万医疗费。（见图 7-26）2010 年 12 月，陈君艳获得"2010 年感动宁波高校十大人物"；2011 年 9 月，获得第三届中华慈孝节"宁波十大慈孝人物"和第三届中华慈孝节"中华十大慈孝人物"提名奖。宁波卫生职业技术学院各类专业志愿服务团队于 2012 年 9 月被确立为宁波市首届高校校园文化品牌；2012 年 10 月，获得浙江省高校教书育人典型案例；2013 年 1 月，获得"2012 年度宁波公益人物（团队）奖"；2013 年 11 月，获得"2013 年宁波市大中学生暑期社会实践优秀团队"称号；2014 年 1 月，获得宁波市"先进大学生集体"荣誉称号；2015 年 7 月，获得"宁波市大中学生暑期社会实践先进团队"称号；2016 年，获得"浙江省青年社会组织志愿服务项目大赛优秀项目奖"；2016 年，获得"宁波市大中专学生暑期社会实践活动优秀团队奖"；2016 年 11 月，获得"宁波市最佳志愿服务项目奖"；2016 年 11 月，获得"2016 年暑期社会实践优秀成果奖"。

图 7-26　为救助白血病患儿筹集医疗费

服务队建立了"爱心天使成长园地"博客，交流心得。在临终关怀服务活动中，志愿者们一次次感受到了"治病救人、救死扶伤"这一作为护士天职的神圣使命，增强了他们的服务意识，培养了他们的仁爱精神。被患者及家属赞誉为"最受欢迎的志愿者"，甚至有患者为志愿者创作歌曲来表达感激之情。（见图7-27）2009级护理专业志愿者陈君艳说："我愿意陪伴那些布满荆棘与磨难的生命一起走过黯淡，越过绝望，寻觅生命旅程中的最后一抹芬芳。"（见图7-28）2014级护理志愿者董飞琴同学认为："以前我总认为输液、吸氧都是机械性操作，在"爱心天使"生命关怀服务队的日子里，我懂得了黑暗中我们一双温柔的手都是患者的希望与支撑，他们把最珍贵的生命托付到我们手中，我们唯有赤诚以待、全力以赴。"

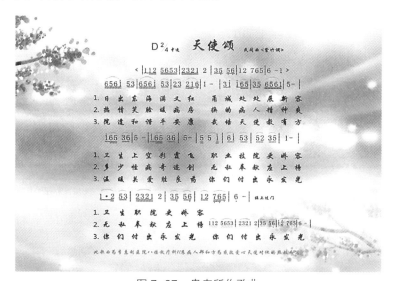

图 7-27　患者所作歌曲

7-28　中央电视台《讲述》栏目采访陈君艳

（2）项目创新点较多。

理念创新和载体创新。理念上，提出教育是直面人的生命，为了提高人的生命质量而进行的社会活动，是最体现生命关怀的一种事业。载体上，以学生为主体，引导其在参与过程中进行深层次的思考，进而全方面提升学生的综合素养。联合社会、医院和高校，以"医学生—大学生—社会群体"为推广模式，结合宁波市高校和浙江省内外护理专业实习点的多项资源开展临终关怀理念宣传，使学生群体从参与者走向组织者，最终成为临终关怀理念的推广者。

（3）项目推广运用范围和效果较好。

一是符合健康中国发展需要。临终关怀志愿服务符合我国老龄化的社会现实，响应健康中国的理念，彰显了医学的人文精神。对医学专业学生尤其是护理专业的学生进行临终关怀护理教育就是对他们进行有效的人文教育。

二是提高护生职业素养要求。结合多种方式进行灵活多样的临终关怀理念的教育、临终关怀人文精神的培育以及体验性、辅助性教学方式的临终关怀志愿服务，能有效降低护生焦虑水平，改善护生临终照护态度。

三是起到了四个层次的成效。之于患者，他们获得的是更深层次的尊重和支持；之于家属，弥补了现代家庭护理人员短缺且不专业的不足，为他们提供了足够的人力保障；之于医护人员，有助于有限的医疗资源充分发挥效用，缓解医疗资源和社会需求之间的落差；之于志愿者，这是最好的生命教育，能从中感受到生命的脆弱和顽强。

四是扩大志愿服务覆盖面。项目形成一种公益创业模式，在使得志愿者团队能够自身造血促进公益可持续发展的同时，扩大志愿服务的覆盖面，让社会中更多的人参与临终关怀行动并践行尊重生命的理念。

4. 案例总结

项目实施以来，取得很好的育人成效和社会反响，但是在推进临终关怀实践教育活动的过程中，我们也存在一些困惑，主要有以下五点：第一，如何将临终关怀纳入课题研究，同时作为在校学生的必修课程，让所有在校生接受这份爱的人文教育；第二，如何将临终关怀的服务点从单纯的医院病房拓展到敬老院、社区，在确保学生安全的前提下被更多的患者、家属接纳认可；第三，临终关怀是一门涉及多学科的边缘学科，要求从事人员具备较高的多方面素质，如何提升在校生的素质能力以便更加适应此项目的深入开展，需要我们进一步思考；第四，临终关怀的宣传工作相对其他学生工作来说更具敏感性，需要得到医院、病人等多方面的支持，如何平衡工作的质量、患者的接受度和宣传的力度，需要我们付出更多的努力；第五，临终关怀提供更多的是一种精神服务，而当患者提出需要经济帮助等超出临终关怀的服务内容时，我们该如何妥善解决这类问题，同时，现在参与临终关怀实践服务的学生主要为护理、助产专业，如何打通这种单一局面，让营养、美容等专业的学生一起参与进来，参与进来后队伍将如何管理等都需要我们进一步地梳理、总结和提高。

六、生命教育之线上祭奠

1. 案例概述

宁波卫生职业技术学院师生每年都会举行、参与相关缅怀活动。近年由于受新冠疫情影响，采用"云缅怀""云祭奠"的线上祭奠缅怀的形式，向遗体捐献者表达哀思。

缅怀者可以在线上向"无语良师"敬献花篮，书写逝者生平事迹，上传影像资料，发表纪念文章，在线祭拜留言等。同时也能邀请亲友，共同祭拜，永久地保存"大体老师"的生命故事，让生命没有终点，表达感恩和敬意。

2. 案例内容

2020年的清明节，宁波卫生职业技术学院医学技术学院的师生采用线上祭奠的形式，向捐献者表达哀思。缅怀者在线上向"无语良师"敬献花篮，短短两天，即有近 2000 人参与。

恩格斯说："没有解剖学，就没有医学。人体解剖标本才是教会医学生解剖学知识的真老师，遗体捐献者才是医学发展道路上的真英雄。"学校"生命之花"遗体捐献大学生志愿服务队指导老师、基础医学教研室曾斌老师用诗意的语言致敬"无语良师"。（见图 7-29）

图 7-29　线上缅怀"无语良师"

3. 案例成效

参与"云缅怀"的高丹妮同学表达了自己的感悟："我是口腔医学专业的学生，解剖课是一门重要的课程。每次上课，我总是能够感受到他们内心充满力量的大爱。人生一瞬，唯有精神得以永存。"

缅怀祭奠仪式是生命教育的重要内容。把缅怀搬到线上，使学生在学习知识的同时，感悟生命，树立完善的人格，更加懂得爱和责任，实现自我成长。

4. 案例总结

"线上祭奠缅怀"活动可以突破新冠疫情防控的局限性，随时在线上进行哀悼纪念，且相关的记录能实现永久保存；然而，此种缅怀方式相比线下实地感受敬献而言，生命教育情感的深度寄托和强度关联不够，容易形式化。

七、生命教育之缅怀仪式

1. 案例概述

"大体老师"是医学界对遗体捐献者的尊称，又称"无言老师（无语老师）"，遗体捐献者在过世 8 小时内急速冷冻到 –30℃保存，在教学使用时再复温到 4℃，从而能够保证遗体的新鲜程度，让学生能在最接近真实的人体上进行模拟手术训练。

这些遗体捐献者用他们的躯体，让学生们掌握和丰富人体基本知识，他们安静地躺着，虽然不说话，但是他们的无私精神深深地感动着一批又一批医学院校的学子。

每年清明节之际，宁波卫生职业技术学院会号召并组织师生开展感恩"大体老师"祭奠缅怀活动。纪念"大体老师"的传统活动，是学校感恩教育系列活动的重要环节，医学生都必须要接触"大体老师"，从最开始的被教育者到后来的主动参与者，得到的是无言的教育和人格的砥砺，实现的是内心认识的转变。

2. 案例内容

2018 年 3 月 29 日上午，宁波卫生职业技术学院医学技术学院组织师生代表赴镇海大同公墓，参加了以"生命永恒、大爱无疆"为主题的 2018 年宁波市人体器官（遗体、角膜）捐献者缅怀祭奠活动。

遗体捐献纪念碑既是社会各界对捐献者缅怀和凭吊的实物载体，也是遗体捐献者高尚情怀的精神寄托。在缅怀祭奠活动中，师生代表与志愿者们围聚在肃穆的纪念碑前，向为医学与科研做出贡献的捐献者致哀，并向遗体捐献纪念碑敬献花篮和鞠躬，认真聆听了志愿者代表和捐献者家属代表感人肺腑的发言。

师生代表还见证了遗体和角膜捐献志愿者现场登记，并把饱含爱意与奉献的红丝带系在爱心墙上。同时，向在场的群众发放宣传手册，加大人们对遗体捐献的关注度。（见图 7-30）

图 7-30　师生线下缅怀

2019 年 3 月 26 日上午，宁波卫生职业技术学院医学技术学院"生命之花"志愿服务队师生 14 人参加了以"感恩生命最后的馈赠"为主题的 2019 年宁波市人体器官（遗体、角膜）捐献者缅怀祭奠活动。

祭奠仪式开始，同学们默哀，深切缅怀和纪念遗体、器官捐献者们高尚的情操和大爱精神。接着，学生代表向遗体、器官捐献纪念碑敬献花篮，全体同学也给远在一方的遗体捐献者们送去一朵朵鲜花，寄托了对遗体、器官捐献者们无尽的哀思与敬意。（见图 7-31）

图 7-31　师生敬献花篮寄托哀思

2021 年 3 月 25 日，宁波卫生职业技术学院医学技术学院"生命之花"志愿服务队赴宁波市遗体捐献纪念陵园参加红十字会举办的悼念活动。他们帮

遗体捐献者家属书写缅怀卡片，擦拭泪水，擦拭碑牌，用行动践行志愿服务。（见图7-32）

学校还组织同学们观看了"生命教育"主题微课。以"身"为诗，延续"生命之意"；以"身"为师，传递"生命之花"；以"身"为范，点亮"生命之光"。

活动旨在鼓励更多的同学纪念和缅怀对医学教育、医学研究和人类健康做出贡献的遗体和器官捐献者，让他们明确肩上的重任，心怀感恩，恪守医德，努力学习。

图7-32　志愿者书写缅怀卡片

3. 案例成效

庄严的仪式感，使广大师生在表达敬意中受到心灵的洗礼，在感动中深刻体会自己所肩负的使命。活动的目的在于通过理论与实践多渠道的沉浸式生命教育方式，引导医学生感受大体老师和无名先辈的大爱无疆精神和他们身上承载的生命的重量。

此外，通过线下祭奠缅怀仪式，师生对遗体捐献的认知加深，坚定了他们投身遗体捐献事业的决心。遗体、器官捐献者们虽然走了，却留下了珍贵的生命礼物，不仅让爱传播，让生命延续，还走进课堂，成为"大体老师"，让医学事业有所发展。

借助祭奠缅怀仪式的洗礼，师生们深深感受到了生命的可贵和伟大，纷纷表示会更加尊重生命，敬畏生命，弘扬"人道、博爱、奉献"的红十字精神和大爱精神，希望有朝一日也能继承前人的遗志。

4. 案例总结

祭奠缅怀"大体老师"的活动，一方面，以实践课堂和医学人文教育相结合的方式实现全人教育，在医学生内心种下医者仁心的种子，有助于看到学生内心的触动，看到学风的优化，彰显医学生们关注社会、改善民众医疗条件的决心。

另一方面，体现了学校在人才培养模式上以生命教育、人文素质教育、弘扬仁爱精神为主导的生命教育理念，通过典礼的方式，严肃认真地引导学生学习"大体老师"身上所承载的生命力量。

八、生命教育之生命救护

1. 案例概述

为纪念世界红十字日，进一步弘扬"人道、博爱、奉献"的红十字精神、传播红十字文化，学校结合党史学习教育，积极响应教育部指出应在学校开展急救知识教育，提高学生应对突发安全事件的紧急救护能力的号召，通过开展"人人学急救"活动，降低校园意外伤害事件的发生率，逐渐成为创建平安校园的一个重要组成部分。

2021年4月30日至5月8日，宁波卫生职业技术学院守护生命应急救护志愿服务队开展了"红十字，'救'在身边"活动，以身边人、身边事为内容，用视频、图片的形式记录身边发生的暖心救助，并邀请参加人员集体参与横幅签名留念。同学们用各种方式展现应急救护的温暖和意义，以实现"人人学急救，急救为人人"的目的。

据悉，宁波卫生职业技术学院响应红十字总会呼吁，把急救培训纳入必修课内容。2010年，"基本救护技术"成为全校学生普及性救护培训的必修课程，通过课证融合，至今已经培养2万余名红十字救护员，率先构建了"高质、高效、高量"的救护员信息化培养路径。

2021 年，守护生命应急救护志愿服务队走进医院、公司及企事业单位，积极开展急救知识的宣讲、培训活动，受益人数达 5000 余人，赢得了较好的社会反响，培养了学生的社会责任感、创新精神和实践能力，实现了课上、课下延续学习，并获"2021 年宁波市红十字应急救护技能大赛"团体一等奖。

2. 案例内容

（1）生命救护项目萌芽。

宁波卫生职业技术学院护理学院副院长、校急救社负责人、副教授徐金梅老师，参加工作 18 年，和急救培训打了 18 年的交道，是浙江省红十字会一级师资，受益对象达 2 万余人次。2020 年 9 月，她荣获了"浙江省突出贡献红十字会会员"称号。

在 2020 年浙江省红十字应急救护培训教学技能大赛中，徐金梅临危受命，在 15 天时间内充分准备了 6 个说课和 6 个讲课的内容，最终荣获团体一等奖和培训教学技能个人赛三等奖。

作为一名老师，徐金梅更是积极将红十字精神融入教学，作为学校红十字会急救社和应急救护志愿服务队负责人，连续 5 年开展浙江省中小学教师"预防猝死、关爱生命"专题培训，定期开展急救普及活动。指导师生获国家、省、市红十字会等各类竞赛一等奖 12 项、二等奖 7 项，提升了师资教学能力，增强了志愿服务力量。同时，徐金梅带领团队积极开展科学研究及科普实践，成功申报浙江省公益项目"提升心血管急救技能培训质量的路径和策略研究"，为应急救护提出决策性建议。2013—2018 年，依托宁波市科学工作者协会、宁波市红十字会，主持开展"防灾减灾、应急救护"等系列科普活动，走进 78 个单位，培训 4906 名学员。急救社成立于 2010 年 9 月，秉承专业服务社会的理念，以"敬佑生命、救死扶伤、甘于奉献、大爱无疆"的职业精神为导向，不断提升团队综合素养。

徐金梅孜孜不倦发扬红十字精神的正能量也不断地影响着她的学生，授课班级中涌现多名救死扶伤的学生，如荣登"中国好人榜"的王玲超；被30多家媒体相继报道的吕瑞花；荣获浙江省首届红十字事业突出贡献青少年的张沈琦等。

2012年6月15日，宁波卫生职业技术学院正式成立校红十字会，也是浙江省红十字示范学校，2016年，获得浙江省红十字奉献服务奖。学校秉承"仁爱、健康"的校训精神，提倡"以专业服务社会"。2010年，面向所有专业开设了"基本救护技术"课程，获得救护员证书的学生已达2万余人，为志愿服务提供了坚实的基础。

（2）普及活动。

依托校团委在全市范围内建立了67个常态化社会实践基地，与其他志愿服务活动一起，开展日常急救知识的宣讲、宣传手册的发放，普及民众的急救意识。

2021年5月7日下午，宁波卫生职业技术学院红十字会与鄞州中河实验小学签订大学生应急救护志愿服务基地协议，并进行揭牌仪式。本次活动主要面向小学生开展分层分类培训，多种教学方法有机结合，即根据不同年级小朋友开展针对性较强的救护知识培训，并以循环滚动方式让学生在小学阶段能全部完成系列救护培训课程，形成长效机制。

揭牌仪式上，双方领导对应急救护走进小学表达了美好的愿景，小朋友们以热情洋溢的童声唱响了《红十字礼赞》，表达了红十字"守护生命，'救'在身边"的内涵，应急救护志愿服务队以热血饱满的姿态为小朋友们展示了大团队应急救护演练和《让急救成为新风尚》的演讲。浙江省红十字会一级师资徐金梅老师开展了应急救护知识普及培训，详细讲解了红十字运动知识、踩踏的救护方法等常见的应急常识。通过此次培训，同学们初步掌握了急救、自救、互救的基本技能和踩踏的救护方法，在今后的生活中可以尝试自救和互救，为自己和他人的健康成长保驾护航。

（3）集中宣教。

开展暑期社会实践7天集中宣教活动，服务人次将近1000人。通过有奖竞猜的方式激发学员的积极性与参与热情，将专业知识通过人体模型进行演示，并采用"一对一"的模式，提升心肺复苏急救技术掌握度，培养学员对急救的兴趣。

在工作期间，徐金梅老师一直思考：如何更好、更广地普及急救知识和技能？她计划把讲座、培训开进周边的中小学和高校。"已经和部分学校对接过了，他们非常欢迎。计划每学期开展1—2次的讲座、培训，形成常态化机制，让急救成为人人都能掌握的一项技能。"她语气坚定。参加工作18年来，徐金梅坚持参加一线志愿服务，受益对象达2万余人次。新冠疫情期间，她还坚守高速路口测体温，并开展线上应急救护普及。

（4）基地活动。

2019年建立了学府实验幼儿园、鄞州甲南小学和云龙赛艇基地固定宣教基地，团队加入鄞州团区委的"平安鄞州建设"；每学期2次为云龙赛艇基地的成员和游客讲解安全知识及培训急救技能。主要围绕"红十字救护"的具体要求，进行家庭急救知识的PPT宣教；其次，通过悬挂横幅、发放宣传手册、现场咨询、现场模拟等多种形式宣传救护培训工作；积极组织社区青少年参加"急救知识知多少"有奖竞赛问答活动，以帮助其了解救护知识。

2020年10月19日，宁波卫生职业技术学院急救社（应急救护志愿服务队）联合交通运输局直属机关党委赴奉化大堰镇箭岭村开展健康志愿服务。本次活动主要包含两项内容：一是组织义诊，志愿者服务队进村，免费给村民测血糖、血压，义务提供医疗咨询等；二是开展心肺复苏授课，针对心脏骤停，现场教授人工呼吸、心脏除颤等紧急救护方法。

一大早，参与义诊志愿服务的同学们就被村民们热情包围。为保证测量数据精准，同学们坚持使用手动水银血压计。"我这个血压好不好啊？"面对村民们的问题，罗艺老师和同学们耐心解答，对于血压控制不好的村民，同学们积极询问病史，给出复查建议。"您早上吃过早餐了吗？""吃了多长时间了？"测血糖的志愿者同学们会询问每一个前来检测的村民，以合理判断不同状态下的血糖值。

在心肺复苏授课点，急救社指导老师徐金梅带领同学们演示急救技能，村民们表现出了极大兴趣，在学习过程中，时不时有村民上前对模型人进行心肺复苏操作，老师和同学们会对他们进行一对一辅导。"原来急救技术并不高深，我们也能学会""学习急救收获很大"……心肺复苏授课也得到一致好评。

活动结束后，志愿服务队的同学们纷纷表示收获很大。李伟豪同学说："之前的学习主要停留在理论层面，测血压最多小组内测测，现在能给村民们义诊，很激动。"施梦纱同学说："早上刚开始给村民测血糖的时候手抖，半天下来技术就提高了很多，已经是测血糖小能手啦。"（见图 7-33）

图 7-33　志愿者帮村民测量血压

（5）对外交流。

以心肺复苏的理论知识讲解以及正确的救护演示的形式让同学们参与，形成了宣教与交流相结合的拓展模式，取得了不错的效果。学校在新生入学时，也开展红十字急救知识的普及工作。

3. 案例成效

（1）以赛促学。

自 2019 年 4 月开始，多次开展项目培训，受益对象达千余人。2019 年 6 月 13 日，在宁波市红十字会主办的应急救护大赛中校急救社 5 名学生代表鄞州区红十字会参赛，荣获团体一等奖，个人一等奖 2 项、二等奖 1 项、三等奖 1 项。2019 年 7 月，该团队代表宁波市红十字会在第三届浙江省红十字应急救护大赛"关爱生命，救在'浙'里"中，获得创伤救护止血、包扎、固定三个操作单项第一名，心肺复苏创伤救护三等奖，救护演讲三等奖，以复赛总分第一名的成绩进入决赛。决赛由知识竞赛、救护演讲、场景演练三个科目构成，经过激烈的角逐，宁波市代表队最终荣获团体二等奖。比赛不仅让学生们掌握了急救的技能，获得了个人的成长，也加深了队员们对急救重要性的认识和对生命关爱的感悟，把学习到的知识和技能传递给更多的人。

学校重视立德树人，重视专业社团建设，尤其是专业职业素养的提升。根据调查，学员认为培训有趣、生动，培训气氛活跃，团队凝聚力强，教学中进行现场模拟和应急救护，项目以人偶情景剧创新培训方式，理念新颖，除了教师讲授，还配合录像、道具等进行"做中学、学中做"，将生活中常见的意外伤害、突发事件等设计为"情景案例"，并运用"创伤模块"模拟伤情，必要时进行"化妆"，给学员以真实的感受，学员参与性和积极性较高，从而对专业医学知识也有了深刻的理解，记忆深刻，尤其是操作的关键步骤，形成了"以专业带动社团，以专业服务社会"的氛围。

（2）队伍建设逐渐发展。

组建了由10位专任教师、8位兼职教师组成的红十字应急救护培训师资；组建了由在全国相关技能大赛获奖的学生骨干为主体的青少年自护教育公益培训团队。

（3）社会影响逐渐加大。

急救社是以传授急救知识为核心活动内容的一个社团。通过社会服务使校园文化建设的空间范围延伸到校园之外，发扬传统美德，张扬理性主义，弘扬奉献精神，践行社会主义核心价值观，树立新时期医务工作者形象，并与宁波市红十字会、宁波市交通局合作开展各类志愿服务，2019年共开展志愿服务61次，增强了广大群众的公共安全意识，提高了广大群众的应急避险和自救能力。

社团获宁波卫生职业技术学院十佳精品社团、优秀社团，涌现了很多学以致用的案例。2019年，党志航同学在学校附近救起失足落水儿童获各大媒体报道，向社会传递了正能量。

4. 案例总结

本项目顺利完成预定工作目标。项目以国际先进救护理念为指导，根据基本生命支持所需的能力和知识要求，围绕确定性救治措施的实施标准来选择。同时，项目内容划分为三个模块：急救社团的发展与创新、急救等相关知识技能的传播与服务、课程及专业发展的改进与促进。各模块均贯穿了"时间就是生命"的理念，以急救任务为导向，围绕具体急救任务组合知识、技能和情感态度，以典型救护病案及各种志愿活动为载体，按照救护实际工作过程为逻辑顺序进行组织，达到强化理论知识，熟练操作技能，增强沟通技巧，培养应急反应能力，培养学生爱护生命、尊重生命的理念的目的。

本项目"先试点，再推广"，由点到面实施，在应用推广的过程中提升了学生的专业实践能力、人文沟通能力及综合应用能力等，通过鼓励学生参与到红十字会青少年志愿者活动中去，在服务民众过程中进一步得到锻炼和提升，并与相关部门联合，共同保障生命安全。

项目先在校内试点，总结经验，然后向其他高校推广，向中小学教师团队推广，向养老护理员队伍推广，再向全社会范围推广。通过社团宣教和救护员证书发放促进相结合、校内和校外相结合，实现了救护技能推广逐步多维化的格局。依托宁波市红十字会及学校青少年教育基地，鼓励教师积极参加救护培训及志愿服务工作，鼓励"学生培训员"对社会人群进行现场应急救护培训以及参加红十字青少年志愿活动，解决救护员少与社会需求高等相关问题。

此外，积极探索信息化手段，加强对数字内容和传播方式的应用，满足社会急救培训的需求，推动优质服务进机关、进学校、进企业、进农村、进社区，有效提升学生综合素养，提高全民应急救护能力。目前，应急救护已经得到全社会的广泛关注和重视。项目组成员面向公众开展了系列应急救护科普教育实践活动，在传播红十字理念、普及应急救护知识和技能、加强平安和谐校园建设中发挥了积极的作用。

2020 年 10 月，中华人民共和国教育部对十三届全国人大三次会议第
6670 号建议《关于将心肺复苏术作为高中毕业生必备技能之一的建议》进行
答复，指出在学校开展急救知识教育，对提高学生应对突发安全事件的紧急
救护能力具有重要的意义。教育部、中国红十字会高度重视此项工作，协同
推进包括心肺复苏术在内的中小学急救知识教育。

因此，学校社团通过精英化培养，下一步计划面向中小学进行基地共
建，形成常态化培训机制，并积极开展社会救援、社会保障等，如马拉松救
护保障等，并与宁波市红十字会、宁波市灾害委员会等联合共创救护新理
念，开拓"人人学急救、急救为人人"的新局面，将专业知识高度应用，高
效分享。

九、生命教育之课程思政

"没有解剖学，就没有医学"，人体解剖是每一个医学相关专业学生的必
修课。遗体捐献是当前解剖学遗体标本最重要的来源，遗体捐献者们为医学
发展甚至人类文明的进步做出了不可磨灭的贡献。

1. 捐献者先进事迹对医学生的思政教育价值

除了以"物"的形式捐献出自己的身体用于解剖学教育、研究外，遗体
捐献者们捐献自己遗体这一决定本身也体现出了他们的人道、博爱、奉献
等优良的精神品质和伟大的人格魅力，如曾有捐献者说过"宁可学生在我身
上划错二十刀，也不愿见到学生将来毕业当医生时，在任何病人身上划错一
刀"，这些无疑也有利于整个社会精神文明的发展。

尽管如此，由于受封建思想中"入土为安""身体发肤受之父母"观念等
方面的影响，我国当下遗体捐献的数量仍处于"供不应求"的状态。或许正
因为如此，在主持汇编遗体捐献者的生平事迹的过程中，研究者发现已完成
遗体捐献者往往在其生平中有很多闪现人性光芒的先进事迹，例如他们在事

迹中表现出的爱国、敬业、严谨、淡泊、勇敢等品质都值得后人见贤思齐。

思政教育是我国精神文明建设的首要内容，也是解决社会矛盾和问题的重要途径。高校的思政教育承担着为党和国家培养合格建设者和可靠接班人的重大使命。站在思政育人的视角，遗体捐献者们的先进事迹无疑是很有价值的思政教育素材。无论在思政类课程中，还是在解剖学等课程思政教育中，以及在第一课堂外与遗体捐献相关的思政教育活动中，都可以通过各种形式发挥这些先进事迹的思政教育价值，帮助学生们立德立志，成长成才。

相比于其他先进榜样事迹，遗体捐献者先进事迹在对医学生的思政教育中发挥出特殊的教育价值。事实上，过往在一些院校存在上解剖实操课时有医学生对解剖对象——"大体老师"不够敬畏、不够尊重的现象，有些学生在操作时退避三舍，嫌脏怕臭，偶有甚者还拿遗体、器官开玩笑。这表明部分医学生在思想层面上可能仅仅将"大体老师"等同于其他解剖课物件或动物解剖标本，却没能意识到遗体标本是捐献者们高尚品质与人格尊严的延续。

因此，若能通过各种形式的思政教育让医学生们充分了解遗体捐献者，尤其是其解剖课直接接触到的"大体老师"的生前先进事迹，将有力地促进学生们改善其对待"大体老师"的态度，使学生们被捐献者高尚的道德品质深深触动。这种思政教育的有效实施将有利于提升医学生的人本主义情操，促使其更加看重生命价值，热爱医学专业。在上课过程中，学生们也将会以更加严谨、认真的态度去进行解剖操作，从而进一步促进他们医学技能的精进，造福其未来面对的患者。而在引导其领略"大体老师"们在先进事迹中体现出的高尚品格之后，直接的接触更有可能会让学生们承继捐献者们的品格，利于其人格的发展和职业道德的培养，这也刚好适应了社会对于医学从业者道德品质的注重。

2. 基于榜样教育法视角选树捐献者先进事迹

榜样教育法是思想政治教育中一种比较普遍的、常用的教育方法，是指通过运用多种形式和途径将榜样的形象、事例生动地展现给受教育者，促使其学习与效仿，从而达到教育的目的。而经文献查阅，目前尚未见到有关基于榜样教育法运用遗体捐献者生平事迹开展思政教育的专门研究。

根据榜样教育法的过往研究，并非所有的榜样事迹都能取得良好的教育效果。在参考榜样教育有效性研究的基础上，本书结合遗体捐献者先进事迹的特点，总结得出教育者在选树遗体捐献者先进事迹作为思政素材时，应考虑以下一些注意点。

第一，真实性。大学生正处于逻辑判断能力和批判思维快速发展但思想尚不成熟的时期。若思政教育的素材本身有明显的编造成分，则很可能被学生们辨析出来。运用这样的素材进行思政教育，非但不能取得理想的教育效果，反而会引发学生的抵触情绪。因此，教育者在选树、整理遗体捐献者的先进事迹时，首先应保证其真实性。并非每一位捐献者都有可大书一笔的先进事迹，所以在解剖课的课程思政中如果被用于解剖的"大体老师"没有特殊先进事迹，教师仅对其捐献遗体的人道主义奉献精神等加以宣讲即可，切不可为塑造其高大全形象而凭空捏造。

第二，感染性。在整理素材时，教师要注意通过文字的编排，层层推进，让学生能够真正为捐献者特定的人格魅力与品质所感动，让他们体悟到那些先进品格的可贵之处。

第三，引导性。在编排素材时，需尽量避免对于捐献者高尚品格的平白陈述，以免造成强行灌输感，而应通过循循善诱，引导学生思索捐献者生前事迹中体现出的美好品格，以及这些品格与其捐献行为之间的联系。

第四，激励性。适当从社会、时代、行业等较高的视角赞美捐献者的先进事迹，将有利于医学生们了解其事迹和感受捐献行为的崇高，对捐献者进一步产生崇敬之情，激励其立志为更远大的目标尤其是医学发展和人类健康做出自己的贡献。

第五，内群性。所谓内群性，即让学生认可学习对象是自己所属群体内部的一份子，如此更能提升学生的自我效能感，增强其成功学习、践行榜样事迹的自信心。因此，在需要选树典型捐献者的事迹用于广泛意义的思政教育时，要特别注意人物的代表性和事迹的时代性，避免学生产生对于人物或事迹的疏离感。在此过程中，不要过分追求塑造捐献者高大全形象也是对于增强内群性非常值得注意的要点。

3. 运用捐献者先进事迹开展全方位思政教育

根据"三全育人"的理念，思政教育早已不仅仅是思政类课程或思政教师的任务，医学类院校可以充分采用包括思政课程和课程思政在内的各种形式，挖掘各类资源，最大程度地发挥捐献者先进事迹的思政教育价值，对医学生进行全方位的思政教育。

（1）思政课程。

思政类课程是开展思政教育的主阵地，通过"自上而下"有计划、有组织的知识传输仍是不可替代的教育方式。医学院校的思政课可在常规课程内容的基础上，适当在医学专业班级的思政课堂上引入与课堂主题相适配的捐献者先进事迹，或者直接开设以"遗体捐献者生前先进事迹"为主题的具有本院校特色的思政类课程，以榜样教育的形式发挥其思政教育价值。

（2）课程思政。

课程思政作为一种教育理念，主要是指在非思政课程中，向学生传授知识和培养技能的同时，充分挖掘课程内容中的思政教育元素，对学生在理想信念、道德修养等方面加以指引。在人体解剖课程中，老师可充分挖掘捐献者先进事迹的思政教育价值，在开展解剖教学（尤其是解剖实操）时进行有效的思政教育。一些院校的解剖学课程做过以下一些尝试并取得良好的教育效果：① 开课前，教研室将每一位"大体老师"的生平事迹进行有效整理；② 在第一次解剖实操前，任课老师对解剖"大体老师"的生平事迹进行宣讲，在默哀之后再开始正式实操；③ 最后一次实操课后，再次简单回顾"大体老师"的先进事迹，要求学生对遗体进行认真清理与缝合并举行告别仪式，以示感恩。

（3）课外活动。

捐献者先进事迹同样可以通过学校职能部门以及学生会、社团等学生组织举办的某些课外活动发挥思政教育价值。例如，学校可邀请已经签署遗体捐献协议而尚在世的捐献者来校开展讲座；相关社团指导老师可带领学生利用暑期社会实践或节假日给尚在世的捐献意向人或已完成捐献的捐献者家属开展感恩式志愿服务，通过近距离接触让学生们更好地感受捐献者的人格魅力；负责接收遗体的教研室可在捐献者家属同意的前提下组织学生旁观捐献流程，庄重的氛围可以使学生们更好地明白遗体标本的来之不易和捐献者及其家属的奉献精神之伟大。另外，学生会还可组织学生在校内外开展关于捐献者先进事迹的宣讲活动，一方面，使得捐献者的精神力量在更大范围得到传播；另一方面，准备、参与宣讲的经过也会让学生产生更深刻的心得体会。

（4）环境氛围。

环境作为育人的第三课堂，同样是捐献者先进事迹可以发挥其思政育人作用的重要阵地。正如现在一些地方、院校建成了遗体捐献者的纪念场所，这十分有利于捐献者在医学生的心中形成精神的延续。医学类院校还可以在解剖实验楼开辟出具有自身特色的宣传本校接受遗体捐献者的生平先进事迹的"教育墙"或"教育走廊"。

（5）媒体宣传。

充分调动各类融媒体资源来提升捐献者先进事迹传播的广度和深度，可以让更多的大学生更深刻地了解其精神内涵。学校既可以运用校园广播、校报校刊、阅读手册等传统媒体对捐献者先进事迹进行较为深入的报道，也可以借助微信公众号、微博、短视频等提升事迹传播的广度，有条件者还可以考虑通过拍摄纪录片等形式对其加以记录和颂扬。

（6）教师队伍。

教师是医学院校保证捐献者先进事迹对医学生的思政教育意义得到充分发挥的关键一环。学校理应首先让老师深刻体会捐献者先进事迹和人格魅力的重大意义，为之所触动，如此才有可能引领学生依此得到品格的锤炼和理想的升级。同时，教师在运用先进事迹进行思政教育的过程中，应努力创新教学方法、提升教育的有效性，避免出现教学方式单一、偏离教学目标等情况。学校也可配套地制定相关考核办法，勉励教师依此做出具有本校特色的思政教育工作。

4. 结语

值得注意的是，医学院校在决定采用遗体捐献者的生前事迹开展思政教育时，一定要注意取得捐献者本人（生前）或其家属的同意等伦理事项。此类教学探索尚不成熟，所以学校、教师也应该重视学生对于此项教育的反馈，及时针对效果不佳的状况予以调整。

2017年印发的《国家教育事业发展"十三五"规划》中提到："坚持立德树人。把立德树人作为教育的根本任务，培养德、智、体、美全面发展的社会主义建设者和接班人。"与之相适应，基于榜样教育法运用本校遗体捐献者生前先进事迹对医学生开展具有特色的全方位思政教育，将大大有利于医学生立德立志，成长成才。相关医学院校和教师应重视捐献者先进事迹的思政教育意义，科学选择用于思政教育的事迹素材，将之有效组织、整理并成功应用于全方位的思政教育之中。而在本校成熟开展之后，可适当将具有普遍意义的事迹教学素材推广至非医学类院校、专业学生甚至社会人士的思政教育中，使得捐献者先进事迹在更广泛的层面推动社会精神文明的发展。这也将有利于提升社会中捐献遗体的总体意愿，缓解我国医学院校遗体标本不能充分满足需求的状况。

生命是教育的原点，也是教育的终点。教育的价值不仅仅是传授人知识、技能、谋生的本领，而且在其深层意义上使人成为人，进一步讲更是依据生命的特征，遵循生命发展的原则，引导生命走向更完整、和谐与无限的境界。

生命教育旨在帮助人们正视生命、珍视生命，包括人与自我、他人、社会、自然的关系，正确面对学习、生活、工作中的困难，积极向上，充满斗志。生命教育的内容涉及敬畏生命、尊重生命、呵护生命、感恩生命、生命的延续和回归生命文化等，适时开展生命教育，能够帮助人们尤其是青少年培养良好的道德修养，形成健全的人格，成为德、智、体、美全面发展的人。简而言之，其意义不只是预防自杀，更重要的是让受教育者真正关注生命，体会生命的美妙。

而遗体捐献者的生平事迹是其中很好的生命教育素材。遗体捐献是指自然人生前自愿表示在死亡后，由其执行人将遗体的全部或者部分捐献给医学科学事业的行为，以及生前未表示是否捐献意愿的自然人死亡后，由其直系亲属将遗体的全部或部分捐献给医学科学事业的行为。"没有解剖学，就没有医学"，医学院校及医学生把遗体捐献者尊称为"无言良师"或"大体老师"，医学及人体解剖学教学和科研都离不开遗体，可以认为遗体捐献者们为医学发展甚至人类文明的前进做出了不可磨灭的贡献。

除了以"物"的形式捐献出自己的身体用于解剖学教育、研究外，遗体捐献者们捐献自己遗体这一决定本身也体现出了他们的人道、博爱、奉献等优良的精神品质和伟大的人格魅力，曾有捐献者说过"宁可学生在我身上划错二十刀，也不愿见到学生将来毕业当医生时，在任何病人身上划错一刀"。上海中医药大学解剖课老师张黎声也曾讲述过一个故事："有一位'大体老师'生前饱受病痛折磨，他留下了这样的心声：医学没有解除我的病痛，甚至未能准确诊断我的疾病，我愿意将我的遗体贡献给医学研究，帮助更多的患者解除病痛。"从这些案例中我们可以感受到捐献者的觉悟与高尚人格，最终将有利于整个社会精神文明的发展。

生命是宝贵的，在生命终结时捐献自己的躯体，为生命科学和医学事业做出贡献，是生命的延续与升华，造福子孙后代，崇高精神值得称颂。遗体捐献者用自己的方式，为后续治疗技术、手段的发展提供了支持，也为生命的延续提供了机会。

第四部分

生命教育的绝唱

第一节　人民公仆

致敬语：

　　他们扫黑除恶，为老百姓撑起一片洁净的蓝天；他们作风清廉，营造良好的社会环境；他们聚力发展，斐然的成绩让社会充满生机！他们将使命扛在肩上，将旗帜握在手中，牢记党的百年奋斗重大成就和历史经验，把工作岗位作为实践平台，践行以人民为中心的发展思想，亮出最美姿态，诠释最美本色，在全面建设社会主义现代化国家新征程上书写新篇章。他们有一个共同的名字——人民公仆。

　　有这样一群人民公仆，不仅将自己的有生之年奉献给了人民，也将自己的身躯奉献给了医学。

　　徐杏菊、李比涛夫妻二人决定简办身后事，共同决定捐献遗体，希望为祖国医学事业贡献自己微薄的力量。

　　万志华先生参观遗体捐献纪念陵园后深受鼓舞，毅然决定捐献遗体，在进行志愿捐献登记后，他每日都随身携带相关资料，展现出共产党员奉献社会的新风尚。

　　王德溥先生节俭朴素了一辈子，不想因后事增加国家的负担，在一一劝说了5个孩子之后，也完成了遗体捐献登记，在弥留之际仍念念不忘遗体捐献事宜。

　　陈子讴老人心系贫困学子，捐助善款数十年，工作兢兢业业，严谨勤勉，在弥留之际决定捐献自己的遗体。

胡仲华先生生活朴素，是位有40多年党龄的老党员，是"人民满意的好法官"，他将自己的遗体作为最后的生命献礼献给社会，在我们心中注入一股暖流。

陈明意奶奶是一位清廉勤政讲奉献的老党员，她将无我精神融入日常行动中，在日复一日烦琐的工作中，实现着她的入党誓词，舍小家为大家。她将毕生风华奉献在岗位上，投身于服务人民群众、忠诚于党的事业之中。

王爷爷留下一封遗书，四个"不"字深入人心，他以坦然和潇洒的态度从容面对死亡，步入一段不朽生命旅程。

李爷爷积极资助贫困学子，退休后仍坚持学习，笔耕不辍，早早就递交了遗体捐献的申请，想为医学事业尽一份力。

齐爷爷乐善好施，自己却省吃俭用，在人生的终点，他将自己的角膜和遗体捐献给社会，他的善举为眼疾患者带来光明，推进医学研究和教学工作，他将对社会的爱延续下去。

柴爷爷父子身体力行，将大爱传承，用行动诠释了党员的家风家训，告诉我们感恩与付出的关系。

张爷爷为人善良，广做善事，经常出钱出力，为有困难的群众排忧解难。张爷爷作为一名党员更是坚守党性，践行了一名党员全心全意为人民服务的根本宗旨。捐献遗体更是赢得了亲戚、朋友、子女及广大群众的无比敬重与爱戴。

正如诗人臧克家所写："有的人死了，他还活着。"这些可敬可泣的人民公仆以自己的身躯充当教育媒介，为我们树立了良好的榜样，让我们体认到生命的可贵，为生命的美好而努力！

致敬者：宁波卫生职业技术学院人体生命科学馆馆长黄金银教授

一、"携手为医学事业做最后的贡献"——徐杏菊、李比涛

徐杏菊（1926—2010），女，浙江余姚人。余姚市人事局离休干部，与爱人李比涛先后完成了捐献各自遗体的约定。

李比涛（1924—2018），男，浙江宁波鄞州区人。余姚市政协离休干部。

共同的决定

徐杏菊，1943 年参加革命，1983 年离休。早在 1999 年，她就和老伴李比涛一起，共同做出了捐献各自遗体的决定，并在余姚市红十字会办理了遗体捐献申请和公证手续。2010 年 1 月 30 日清晨，徐杏菊在余姚市中医院悄然离世。根据遗愿，家人和医护人员帮她完成了"最后的奉献"——将遗体捐献给宁波天一职业技术学院（现宁波卫生职业技术学院）。

"当年，老伴走了，但她未了的心愿，我和孩子们一定要帮她实现。"同为离休干部的李比涛说，"上了年纪以后，我俩都得了不少病，也深感生病的痛苦，所以希望能用自己微薄的力量，为祖国的医学事业做点贡献。同时也盼望能倡导丧事简办、奉献社会的新风尚。生老病死是人生常态、是自然规律。"2018 年 5 月 22 日，李比涛也溘然长逝。按照生前和老伴的共同决定，同样把遗体捐给了医学教育和科研事业。

李比涛夫妇高风亮节、舍小家为大家的精神品质，在当地成为美谈，这种精神将一直激励后人，为社会点燃爱的火花。

（部分史料源自《浙江老年报》2010 年 3 月 5 日《他们为医学事业做"最后的奉献"》http://zjdaily.zjol.com.cn/zjlnb/html/2010-03/05/content_284611.htm）

二、"生命尽头的馈赠"——万志华

万志华（1934—2018），男，浙江宁波余姚人。原余姚市邮电局党委委

员、工会主席，曾先后多次被评为余姚市优秀共产党员、宁波市优秀工会工作者、宁波市邮电系统优秀工会工作者。

萌发捐献遗体想法

万志华是凤山街道的老党员。工作积极主动、认真负责、业绩突出，荣获多项荣誉，留下几十本荣誉证书。很多年前，他曾看过有关遗体捐献的报道，对遗体捐献可作为医学研究很是赞同，也萌发了捐献遗体的想法。为了征得家人的同意，他曾与老伴、儿子专程参观了宁波市遗体捐献纪念陵园。看到纪念碑上刻着许多捐献者的名字，万志华倍感欣慰，也深受鼓舞。

完成捐献遗体登记

万志华来自平凡的家庭，却在生命的最后，做出了非凡的举动——捐献遗体。

2015年4月的一天，他在余姚市红十字会完成志愿捐献遗体登记。此后不久，他被查出得了癌症。在与病魔抗争的最后一段时间里，他去医院就诊都要随身带着志愿捐献遗体的相关资料，并一再嘱咐家人："你们一定要帮我完成捐献遗体的愿望！"他常说，自己能有今天，全靠党和组织的帮助，死后捐献遗体也算是一种回报。

遵其愿，捐其体，展新风

2018年4月7日，84岁万志华因病去世。遵照其遗愿，家属第一时间通知宁波市卫生职业技术学院办理了遗体捐献相关事宜，帮他完成了最后的义举。万志华是2018年余姚市首例遗体捐献者。

2018年4月11日，余姚市红十字会向万志华家人送去捐献证书和慰问金，对万志华这一无私奉献的高尚行为深表敬意。万志华的老伴同样是一位遗体志愿捐献者，她表示："遗体捐献是社会文明的表现，是一种值得提倡的社会新风尚。对老伴为社会做最后贡献的遗愿，我们全家人都非常支持。"

致敬每一位为社会文明进步做出义举的人。

（部分史料源自《余姚日报》2018 年 4 月 13 日《余姚 84 岁老党员去世，家属遵遗愿捐献遗体》http://www.yynews.com.cn/system/2018/04/13/011853032.shtml?from=singlemessage ）

三、"生活勤俭过一生"——王德溥

王德溥（1928—2011），男，浙江宁波人。宁波市司法局退休干部。曾获司法部授予的司法行政银星荣誉章。与老伴一起登记遗体捐献，是宁波市夫妻遗体捐献登记者中实现捐献的第一人。

生活朴素，节俭一生

王德溥比何玲珠大两岁，夫妻俩育有 5 个子女。生前从宁波市司法局退休，何玲珠从工厂退休，老两口守着 60 多平方米的屋子过日子。家里的摆设，除了空调和电视机还看得上眼，其他家具明显过时。卧室里一张桌子铮亮，因为王德溥老人生前常站在那里写字作画。

退休前，王德溥老人每天忙得不见人影，家里事全丢给了何玲珠。退休后，他每天一大早出门锻炼身体，回到家读 5 份报纸，吃饭前，还要练练书画，再和老伴聊一聊国家大事。老人们生活简单，王德溥甚至有点"抠"。王德溥尽管经常生病，但不愿多去医院，怕给国家增添负担。老一辈克勤克俭、爱国如家的感人事迹不禁让我们动容。

说服家人签字同意

遗体捐献要争得家人的同意，王德溥有 4 儿 1 女，为了让 5 个子女都同意，他采取了逐一说服的"战术"。每次只叫一个子女回家，做好思想工作后立即签字。一个签完，再叫第二个来。主要是怕 5 个孩子凑到一起，形成统一联盟后思想工作难做。王德溥的子女们最初是不同意父母捐献的，他们觉得人死了还要被人反复动刀，他们感到难过，接受不了。

但是王德溥却非常坚定地告诉孩子们："把遗体捐出去做医学实验，可以知道病是怎么来的，能让以后的病人在治疗中少走弯路。"子女们最终被父亲的执着感动了。

2007 年的清明节，王德溥终于办完了遗体捐献登记事项。

弥留之际心系捐献事宜

2011 年 1 月 28 日，82 岁的王德溥因为胃痛住进了宁波市第一医院，医生诊断为胃癌和脑梗死。考虑到老人年纪大，医生建议保守治疗，但老人很坚决，一定要开刀，5 个子女看着父亲晚年还遭受这样的病痛，都不忍心让他开刀动手术。但王德溥坚决要求开刀，他说："我到了这个年纪，也没什么牵挂的了。开刀能治好当然好，治不好也可以给医生做实验。"

2011 年 2 月 16 日，医生给王德溥动了手术，手术比较成功，子女们都为父亲感到高兴。不料，随后王先生的病情就开始恶化了。弥留之际，王德溥念念不忘遗体捐献的事，多次提醒儿女："我已经登过记了，我死后一定要捐献了！"

2011 年 3 月 4 日，王德溥走完了人生的最后一程。子女们根据他的遗愿，马上联系了遗体捐献部门，将他的遗体捐献给了宁波市天一职业技术学院。当天下午，王德溥的遗体被相关部门接收。"不要人夸颜色好，只留清气满乾坤。"王德溥将他自己捐献给了社会，他的精神将会永远流传下去。

（部分史料源自中国宁波网 2011 年 3 月 10 日《宁波一 82 岁老人走了，遗体捐献给了医学实验——王德溥》http://news.cnnb.com.cn/system/2011/03/10/006867281_01.shtml）；商友圈 2013 年 9 月 19 日《老夫妇相约过世后捐赠遗体》https://club.1688.com/threadview/8574094.htm）

四、"春蚕到死丝方尽，蜡炬成灰泪始干"——陈子讴

陈子讴（1928—2017），男，浙江余姚人。马渚镇中学原总务主任，于1986年退休，后改办离休手续。

2017年9月13日上午，已经退休的原马渚镇章村小学校长陈宜谊来到马渚镇中学校长室，将整整5万元钱交给副校长方建军，并向方副校长说明这笔钱是他的姨父即马渚镇中学的离休老教师陈子讴生前嘱咐捐献的，用于资助贫困家庭学子。

工作期间，陈老师兢兢业业，忠于职守，对工作一丝不苟，赢得了师生们的尊敬。离休后，他关心学校的发展，多次来校参加活动，为学校建言献策。

2017年8月，陈子讴老师不幸患病离世，他在弥留之际，留下遗言，委托后人向马渚镇中学爱心基金捐款5万元，用于资助贫困家庭学子。老人的这一高尚善举在马渚镇传开，震撼了许多人的心灵。

（部分史料源自余姚教育信息网2017年9月15日 http://yynews.cnnb.com.cn/system/2017/09/15/011602519.shtml）

五、"人民满意好法官"——胡仲华

胡仲华（1948—2014），男，浙江慈溪人，曾任慈溪市人民法院四级高级法官，退役军人，获得"人民满意好法官"称号。

兢兢业业，爱国守法

胡仲华是慈溪浒山人，1948年出生，1968年入伍，在部队8年，1975年转业至慈溪法院，做过法警、执行员、审判员，是位有着40多年党龄的老党员，退休前是慈溪法院一名高级法官。"印象里，父亲总是很忙。"胡仲华的儿子胡迅雷回忆道。因任慈溪法院执行局的法官，胡仲华常常要出差。

"他和所有孩子眼中的父亲一样，每天忙着上班下班，在家的日子，也陪我出去走一走。当然走不远，大都是在附近的公园里，他是很平凡的父亲。"在家人眼里，胡老工作兢兢业业，平日里勤俭朴素，非常节约。胡仲华儿媳储丽萍说，公公很少给他自己买新衣服，有时候过年过节买几件送他，还会被他念叨几句："衣服又不缺，旧的都还能穿，别浪费钱。"她回忆，有一次公公系的皮带坏了，他舍不得丢掉，非得把皮带头保存起来，说是重新配一条，还能用……

在家里，胡仲华从来不提工作上的事情。可是家人都知道他工作压力很大，因为他曾接到过好几次恐吓信和恐吓电话。胡迅雷说："有一次一封信直接寄到了家里，大意是让父亲小心点，事情要办好，知道他家在哪里，否则如何如何。当时家人都很担心，单位的领导也嘱咐父亲出门要小心，可父亲说没事的，有法律的地方没什么好怕的。"在同事们眼里，这位老干部工作勤勤恳恳，连续多年被评为先进，还获得过"人民满意好法官"称号。他曾为了突破案件的执行僵局四处奔波协调，上门做工作，用真情感化，终于将案件完结。慈溪法院的退休法官兰杰，和胡仲华共事了30多年。兰杰说："仲华办案很认真负责，为人直爽，都是同事公认的。多年来，他没办过一件错案，我在信访部门10多年，从来没有接到过一起跟他有关的投诉。"

虽患重病却仍想做贡献

2008年，胡仲华从慈溪法院退休后，次年被查出患了胰腺癌，已经到了中晚期。"我们一家有3个医生，知道胰腺癌是很难治的，一般只能撑半年到一年。"胡迅雷说，家人四处寻医，放疗、化疗也都做了，但还是控制不了病情。抗癌的过程漫长又痛苦，剧烈的疼痛到来前，往往毫无征兆。在生病后，父子俩进行了第一次也是唯一一次远途旅行。"那时他已经生病2年多了，身体状态还好，我带他去了广西北海旅行。"那大概是父子俩单独相处时间最长的一次。"在生病的4年里，好几次父亲都差点到了'鬼门关'，吐血、便血、腹部剧烈疼痛，我们在旁边看着束手无策，那种伤心伴随着担心至亲突然离别的恐慌，让人内心几乎无法承受。""父亲很坚强，不仅扛住了所有的疼痛，反而安慰我们，要看开一些。他心态很好，生病后，还加入了爱康协会参加各种活动，连医生都说能坚持4年是奇迹。"

2012年，胡仲华从报纸上看到遗体捐献的新闻报道，动了念头，跟家人提及，但立即遭到家人的一致反对。"他说，我生了毛病，知道自己时日无多。我没什么好回报国家的，死后把遗体捐了，给国家的医学事业做点贡献。"胡迅雷后来回忆道："当时我特别惊讶，脱口而出，'爸爸，遗体也不是国家规定一定要捐的'，心里实在无法理解他做出这样的决定。""连亲戚朋友也来劝，亲戚说，到时候连骨灰也没有，以后清明怎么祭拜？"但谁都没想到，胡迅雷的母亲竟是第一个站出来表示赞成的。在子女眼中，母亲不同于普通妇女，她是位妇产科医生，退休前在慈溪市妇幼保健院工作，为人开通明理。老两口的齐心坚持，让同为医生的胡迅雷夫妻也无可奈何。同年6月，一家人来到慈溪市红十字会，在遗体捐献申请登记表上签了名。胡迅雷说，在帮父亲办理遗体捐献手续的过程中，他慢慢理解了父亲的决定，就像刻在每个遗体捐献人心里的座右铭说的那样："最后的死亡和最初的诞生一样，都是人生必然；最后的晚霞和最初的晨曦一样，都是光照人间。"

最后的生命献礼

2014年1月1日中午，在家休养的胡仲华突然大口吐血。儿媳见状赶紧端来脸盆，不想一接就是几个脸盆。胡老立即被送进急诊。血压骤降，病情持续恶化，并发休克，意识不清、瞳孔扩散，最后连医生都摇头了。"送到医院后，医生说出血4800毫升，人都快被吐干了。"回想当时的一幕，儿媳储丽萍的眼泪止不住地掉。当晚，胡仲华就因病情危重，离开了人世。就在一个月前胡仲华病情恶化，他感到时日不长，写下一份遗嘱，第一条就是捐献遗体。他一再嘱咐胡迅雷，一定要帮他完成这个最后的心愿。

"父亲离去时很安详。"胡迅雷说，当晚他联系了慈溪市红十字会，并把父亲带回了家。老人遗体将被送往宁波天一职业技术学院（现宁波卫生职业技术学院）遗体接收站，那是宁波市唯一的遗体接收点。2014 年 1 月 2 日早上，胡仲华遗体告别仪式非常简单，没有鞭炮，没有哀乐，一群人就在居民楼下，默默地等来接遗体的车子。"接受遗体的地点是一间冰冷、昏暗的房间，把父亲的遗体送进去后，我看着他，突然很舍不得离开，无法抑制的悲痛在那一刻爆发出来，哭得一塌糊涂。"胡迅雷说。说到胡仲华生前，亲家二老如此评价："我们相识十几年了，他的为人我们很清楚，走后还把遗体捐献给国家，没有几个人能像他这样。"

2013 年 12 月 20 日，中共中央印发了《关于党员干部带头推动殡葬改革的意见》，鼓励党员干部去世后捐献器官或遗体。慈溪市红十字会的工作人员动情地说，胡老在生命的终点响应中央的号召，用自己的无私与奉献给我们心里注入一股暖流，带来一束阳光，也为 2014 年献上了一份珍贵的礼物。

（部分史料源自中国宁波网 2014 年 1 月 7 日《一位退休老法官的生命献礼》http://news.cnnb.com.cn/system/2014/01/07/007954756.shtml；中国宁波网 2014 年 1 月 8 日《临终前，他留下遗嘱：把遗体捐给医学事业》http://news.cnnb.com.cn/system/2014/01/08/007955407.shtml；云聚划—微慈溪 2014 年 1 月 8 日 https://mp.weixin.qq.com/s/St9AW1b9Jb0m03AH1WeiOw）

六、"一生为党奉献的老党员"——陈明意

陈明意（1930—2019），女，浙江宁波人，中共党员，享年 89 岁，原宁波市月湖街道书记。陈明意的爱人何谦老师是一名离休干部，在 2006 年就已将遗体捐献给了宁波天一职业技术学院。

党员干部一生清廉，勤政为民

陈奶奶以前是月湖街道的书记，何爷爷师范毕业，在教育局工作。陈奶奶作为党员干部严于律己，严格要求家庭成员，从不为家庭成员谋福利谋岗

位，全心全意为人民服务，一直践行一名党员干部的职责，受恩于党，回报于党，投身于群众的伟大实践中，深受当地群众的喜爱与爱戴。陈奶奶勤俭节约，克己奉公，清廉为民。作为一名党员干部，陈明意奶奶家里没有一件像样的家具，基本都是老家具，一点也不像"干部"家庭。自己穿的衣服也很是节俭，都是旧衣服，没有一件好衣服，在全心全意为人民服务中展现了共产党员的光辉形象。

无我地舍小家为大家

陈奶奶也常常舍己为人，舍小家为大家，思想境界之高让人敬佩。他们把工资的三分之一都用于捐赠偏远地区或贫困地区的孩子以及需要帮助的人们，自己吃穿用都非常节约，所以有很多来自四面八方的感谢信。这样的爱心一直持续到生命的终点。陈奶奶 60 岁退休后，还继续打工到 73 岁，赚来的钱继续资助贫困地区的孩子们。

无私的自我牺牲精神

陈奶奶在工作时期因为表现优异有加工资的机会，但她看到年轻人更需要这份工资，于是把增加工资的机会让给了年轻的同事。陈明意老人家的儿子说，本来妈妈还能有更高的退休工资，就是因为当年把这个机会让给了别人。这样的自我牺牲和谦让精神展示了共产党员无我的牺牲精神。

教育子女报效祖国

陈奶奶的女儿毕业于浙江大学，后去美国留学，奶奶再三告诫女儿学成之后一定要回国，报效自己的国家。奶奶还叮嘱后人在她去世后继续按时交党费，总计交了 2 万多元。

遗体捐献，义无反顾

陈明意奶奶和何谦爷爷夫妻双双约定死后把自己的遗体捐献出去，为国家医学事业贡献自己最后的力量。在病床上，红十字会的工作人员劝慰老人遗体捐献可以不执行，但陈奶奶说自己受恩于共产党，她将自己投身在群众中、投身于党。捐献遗体对陈奶奶来说亦是义无反顾的、决不后悔的，于是陈奶奶坚决执行了生前遗体捐献的决定。爷爷奶奶这些高尚的行为也影响着下一代，陈明意奶奶外孙女的女儿也选择了护理行业，立志献身于医学事业。

（以上生平事迹由宁波卫生职业技术学院"生命之花"遗体捐献志愿服务团队采访所得）

七、"生命在奉献中延续"——王爷爷

王爷爷（1921—2013），男。余姚市第 4 位成功捐献遗体的志愿者。

早年参战经历

王爷爷是 1921 年生，1942 年 10 月参加三五支队打游击（后改为浙东游击纵队），1943 年 11 月入党，1949 年 7 月参加革命，1985 年 3 月离休。

在王爷爷的书橱前，整整齐齐地码着关于党史和四明山革命史的书，书桌的抽屉里还妥善保存着那些抗战纪念章、印着工农兵插图的塑皮笔记本等。

遗嘱上的四个"不"

2008 年王爷爷决定捐献遗体的时候，遭到了全家人的反对。其长女没上过学，不太懂那些大道理，但是王爷爷对子女说："我就这么一个心愿，如果你不满足我，我到了那边也会很难过的。"长女不想让父亲难过，纵有万般不舍，依然顶着压力去签了字，帮助父亲完成了遗体捐献登记。

2012 年 6 月，一向耳聪目明的王爷爷发现自己眼睛开始花了，可能知道

大限将至，怕女儿记不住，又给家人留了封遗书，薄薄一页纸，交代了所有身后事："丧事简办，不留骨灰，破除迷信，解放思想，做到四个'不'——不念经，勿做佛事；不办粳饭；不点油灯；不烧锡人经物。"

走入另一段生命旅程

2013年3月16日，王爷爷因为气管不适去余姚住院，两天后突然去世。

老人的遗体告别仪式，在医院的病房里进行。没有花圈挽联，几位家人简单告别，殡仪馆的面包车等在外面，这位92岁的离休干部要去的地方不是墓地，他的另一段生命之旅才刚刚开始。春光正好，载着老人的车穿过车水马龙的街道、热热闹闹的人群，缓缓驶入宁波卫生职业技术学院。穿着护士服的年轻女生正说笑着穿过如茵的草地，她们没有留意身边的面包车，但几个月后，她们将近距离地接触老人，从他身上更直观地认识神经、血管、组织、器官……

王爷爷的人生虽已落幕，但他的生命将在奉献中得以延续。

（部分史料源自《余姚日报》2013年3月20日《成功捐献遗体，92岁离休干部遗愿完成》http://www.yynews.com.cn/system/2013/03/20/010532839.shtml）

八、"生前志润民，逝后报国恩"——李爷爷

李爷爷（1923—2010），男，某农机局离休干部。"生前志润民，逝后报国恩"是他的座右铭。

关爱、资助贫困学子

作为一名市关工委成员，李爷爷积极与贫困学子结对，资助他们上学。他制订了一个五年计划，结对3名贫困学子，每人每年资助2000元。先在四明山镇宓家山村和鹿亭乡龙溪村完成了2名家境贫困、品学兼优的大学生

结对计划，亲自上门送上资助款。他打算再找一个同样家境贫困、品学兼优的学生进行资助。每年共资助 6000 元，钱不算多，但李爷爷凭借自己的力量努力地为祖国培养优秀人才添砖加瓦。

活到老，学到老

李爷爷于 1949 年 4 月参加革命，1982 年从某农机局离休。离休后的李爷爷一直保持学习，践行"活到老，学到老"这一箴言。他是所在市老年大学文史班、诗词班、保健班的学员。他认真学习，不迟到，不早退，还经常为班级学员服务，打开水、打扫教室环境卫生，他是老年大学 1500 余名学员中最年长的一位。

早在 20 世纪 90 年代，他就已经提出申请，要求把自己的遗体捐献出去。之后，他又办好了相关手续，并立下遗嘱："死后丧事简办，遗体捐献，不要送花圈，不搞迷信活动，骨灰树葬……"

2010 年 1 月 10 日，89 岁的李爷爷因病逝世。家人根据他的遗愿，把他的遗体捐献给了宁波市红十字会。

（部分史料源自《浙江老年报》余姚市社区服务中心月报第 44 期）

九、"海曙慈善之星"——齐爷爷

齐爷爷（1929—2012），男，浙江宁波人，中共党员，宁波市某机关离休干部，乐善好施、助人为乐，曾被评为"海曙慈善之星"。

初心如磐，致力慈善

某社区的一幢旧楼里，曾住着一位慈眉善目的老人，60 多平方米的居室内，除了一台 21 英寸的"长虹"旧彩电，几乎没有其他现代化家具，地面还保持着刚搬进来时的水泥"本色"——很难相信，这就是每年都要向宁波市慈善总会捐出 5000 元钱的宁波市某机关离休干部齐爷爷的家。就是这位普普通通的老党员，连续几年来用平时省吃俭用省下来的钱助难扶弱，社区居民都亲切地称他为"慈善老人"。

齐爷爷为慈善捐款源自一次家访。他作为校外辅导员和社区关工委委员，到社区内的一个单亲家庭的学生家走访，了解到该同学的母亲要靠外面打零工的微薄收入来供儿子上学，而该同学聪明懂事，学习成绩在班上名列前茅，这一年考上了大学，但上学费用却让母子俩一筹莫展。齐爷爷非常揪心，当即回家拿出 2000 多元钱给这对母子，随后又为该同学向慈善总会申请捐助。齐爷爷说，这件事对他触动很大，以往他都是零星地捐助一些生活有困难的家庭和学生，通过这件事，他觉得集体的作用和力量会更大。此后，每年的"慈善一日捐"活动，他都会捐上 5000 元，且表示今后每年都捐，直至终老。最让人感动的是，因为齐爷爷生病住院了，原本打算捐赠的钱花去了不少，但他托人向居委会捎话说，这笔钱还是要捐的，就是需要一些时间，他得慢慢省下来。不久前，齐爷爷果然如约将从牙缝里省下来的钱送到居委会，请他们转交给慈善总会。居委会专门就这一事迹，向社区内的 200 多名党员做了题为"你我身边的感动"的宣传教育活动。

牙缝里省出来的"慈善之星"

其实，齐爷爷捐出的远不止这些，生前他还有个响当当的名号——"海曙慈善之星"！社区书记罗女士说："只要涨了工资，他都会跑到社区里来捐钱，少的 500 元，多的 2000 元，他说请社区帮着转给慈善机构。"其所在街道文化站原站长蒋先生，说起齐爷爷，一下子就打开了话匣："那是 2007 年，有一次齐爷爷说他要来捐 2000 元。后来因为看牙，把钱用掉了。我当时没放在心上，没想到过了几天，齐爷爷又把钱送过来了，他说，'我要守信用'。"

老夫妻平时的菜肴以蔬菜豆腐为主，穿着只求干净保暖。几个子女和兄弟姐妹收入不高，负担重，也需要他们经常接济。但除了这些开支，他们将所有攒下来的钱都捐献给了慈善事业，根本没有什么积蓄。刚开始时，家人们对齐爷爷的善行也有一些不理解，劝他说，有2000多元一月的离休工资，可以换一套好一些的住房，过上更舒适的生活。但齐爷爷反过来劝说他们："乐善好施、助人为乐是中国人的美德，比我们家困难的家庭多多了。自己节省一些，生活一样过得安详健康，可以帮助更多有困难的人。"齐爷爷认为，让有困难的孩子有良好的读书环境和条件，有困难的家庭生活能好起来，就是一个老共产党员最大的心愿。

一生捐献，一身捐献

罗女士是齐爷爷所在社区的书记。"齐爷爷是我在社区里认识的第一个居民！"罗女士说，上一任书记交接时，专门把齐爷爷的遗嘱公证书和宁波市红十字会遗体捐献申请登记表拿出来给她，交代她要帮老人完成心愿！

在后来的接触中，齐爷爷的形象在罗女士的印象中变得越来越丰满。有一次，罗女士去齐爷爷家走访，谈话间，齐爷爷笑呵呵地说："茶水很好的，我每天都用茶水洗眼睛！"罗女士不由一愣，齐爷爷接着说："年纪大了，我要好好保护我的眼睛，以后好给人家用！"罗女士听得心里恻然，齐爷爷却一脸平静。主管离休干部工作的桑主管跟齐爷爷接触最多，他说："齐爷爷的遗体会由市红十字会转到天一职业技术学院（现宁波卫生职业技术学院）做医学研究用，如果一年后火化，按他生前遗愿是将骨灰撒到解放桥下。一辈子的航管人，我们要帮他完成这个最后的心愿。"

生命"最后的馈赠"

齐爷爷的遗体捐献也并不是一帆风顺的，起初家人并不理解。"我一开始是坚决反对，一对子女都在外地，这让我以后怎么跟他们交代？"齐爷爷的老伴叹了口气，"可老头子就是这么犟，他决定的事情，没有人能改变得了"。老伴工作做不通，"犟老头"齐爷爷决定先上层"保险"——立遗嘱！2005年4月4日，清明节的前一天，他请来时当时的社区书记当遗嘱执行人，在他的见证下，郑重立下了遗嘱："我去世后，遗体捐献给国家，以了却我生前的心愿。"

"丧事从简，不搞遗体告别，不开追悼会，不收花圈，尽量节省每一个铜板。若丧葬费有节余，则请社区居委会将结余部分转交给海曙区慈善分会作为贫困学生助学金，这也是我最后向社会献上的一份爱心。"齐爷爷在遗嘱中嘱托。

2005 年 4 月 12 日，齐爷爷在遗体捐献申请表上签字。"申请表的编号是NB005，也就是说他是咱宁波第 5 位遗体捐献人，老头子对此一直很骄傲！"齐爷爷的老伴说。完成申请后，齐爷爷就像了了一桩心事一样，还经常劝她："我是死过好几回的人了，老人有的病我都有，以后遗体拿去研究，能派上大用场的！"渐渐地，齐爷爷的夫人也理解了老伴的决定。

2012 年 3 月 17 日，在某医院病房里，齐爷爷走了。齐爷爷的夫人细心地为老伴整理遗容。没有仪式、没有主持，子女亲朋、社区干部分列病床两侧，神情肃穆，似乎谁也不愿出声打扰……因为大家知道，再过一会儿，眼科医院和市红十字会就要分别来接收老人的角膜和遗体，这是老人留给大伙儿最后的告别。齐爷爷走了，他对慈善、对社会的爱，却依然在延续：他双眼的角膜将为至少 2 名患者带来光明；他的遗体将供医学研究和教学使用。

（部分史料源自宁波文明网 2012 年 4 月 5 日 http://nb.wenming.cn/ddmf/201204/t20120405_596751.shtml）

十、"红色家风代代传，大爱传承砺后生"——柴爷爷

柴爷爷（1933—2008），男，中共党员，原某乡党委书记，一生致力于奉献社会。其子受其影响，因无偿献血先进事迹曾两次获评"感动慈溪"年度人物，父子二人都办理了遗体捐献登记。

红色家风，大爱传承

柴爷爷是一位有着 50 多年党龄的共产党员，1956 年任某乡党委书记，曾担任区委委员与县水利局领导，退休前在某市水文站工作。他们家共有六兄弟，大哥是 1942 年入党的老干部，二哥 50 年代初牺牲在抗美援朝战场上。柴爷爷从小到大耳濡目染的家风家训就是："做人要有爱心，要懂得感恩与付出，不要总想着别人和社会留给自己什么，而要想着能为社会做些什么。我们没有理由不为社会做奉献，特别是共产党员，就更应该服务于人民大众。"

柴爷爷身体力行，践行家风家训，多次参与无偿献血，2010 年就办理了遗体无偿捐献手续。2008 年 11 月 13 日因病去世后，如愿捐献了遗体，还托儿子把生前节省下来的 2 万元钱，捐给了失学儿童和困难群众。

父子接力，让爱延续

虎父无犬子，柴爷爷心怀大爱，默默奉献自己，而他的儿子在父亲的影响下，义无反顾地做出了和父亲一样的选择。"生为人民献热血，死为医学献遗体"，两次获得"感动慈溪"年度人物。2010 年，加入"热血融情大爱无疆"无偿献血志愿服务队。

柴爷爷的儿子在宁波市无偿献血次数排在前几位。18 年来，他无偿献血 215 次，其中捐献血小板 89 次，累计献血量已达 62350 毫升，相当于把全身的血更换了近 13 遍，浇灌了 200 多个生命的花朵！当回忆起无偿献血的动机时，柴爷爷的儿子说他所做的一切，与他从小从父亲那里受到的熏陶和教育有关："我父亲是我人生中最好的榜样！"他说："人的一生看上去挺漫长的，其实只有短短的 3 万多天。怎么活，活得怎样，全凭自己把握。我父亲留给我最大的遗产，就是教会我怎么做一个对社会有贡献的人……"他回忆道："1999 年，我母亲因病动了大手术，需要输 2000 多毫升血液。当时我已无偿献血 5000 多毫升，按照政策规定，直系亲属可免费享用血权利。可我父亲不同意，说：'这事没必要麻烦政府，付出不求索取，是做人的一种品格。'并独自承担了 2 万多元住院费用。"他说这些事的时候，眼里含着泪花，充满深情，看得出他对父亲的无限缅怀、一往情深……

"父亲为人，总是先想着别人，最后才考虑自己。尤其在他的晚年，不断地在村里做好事，把退休工资散发给生活有困难的群众，自己却仍过着'苦行僧'般的生活……"2013 年，以柴爷爷父子俩为代表的遗体和器官捐献志愿者被评为慈溪榜样！

生命永恒，家风永存

柴爷爷的儿子身体力行，用行动来诠释家风家训，他像父亲一样，义无反顾地办理了器官和遗体捐献手续，成为慈溪市器官志愿捐献的第一人。他说："'人的生命是有限的，为人民服务却是无限的。我们要把有限的生命，投入无限的为人民服务之中去。'这是雷锋曾在日记中写到的，习近平总书记提倡社会正能量，这话就是我们行动的准则。身后器官的捐献，既可以挽救他人的生命，又从某种意义上实现了自身生命的延续。这是一桩善事，也是做人的一种德行……"父子凭借一颗"家事国事天下事事事关心"的赤子之心，去努力实现自身价值，完成人生的使命，成为名扬宁波的道德标杆。

（部分史料源自《三江论坛》2015 年 4 月 23 日）

十一、"舍小爱，留大爱"——张爷爷

张爷爷（1923—2019），男，曾任上海市某单位党总支书记等职务，并担任过上海市普陀区人大代表。

忠党爱国，争做慈善

张爷爷去世后，在众人一言一语的追思中，勾勒出老人坚守党性、广做

善事的一生：帮助他人，快乐自己，是其一生的追求。

早年，他的住所不到14平方米，却挤了一家六口人。单位多次要给他换新房，涨工资，都被他推辞或转让给大龄单身同事。他曾因工作摔伤腰，但拒绝单位派车接送，用钢板铁丝把腰固定后，坚持骑车或步行上下班。

1998年，已退休的张爷爷返回家乡定居。他将大儿子的田地、院落收拾一番，种上瓜果蔬菜，有了收成便骑车给乡亲们送去。

2011年，老人不愿意麻烦子女，住进了养老院。他经常照顾其他老人，天气好时还扶行动不便的老人出来晒太阳。"村里需要帮扶贫困人家或孤寡老人，他也经常出钱出力帮忙。"张爷爷的远房侄孙说。

无偿捐献，永存大爱

2015年3月中旬，张爷爷来到其所在县红十字会，在遗体捐献志愿表上签下了自己的名字，他要捐出遗体以供医学研究。这是一个不易的决定，在这个平凡又高尚的老人身上，我们再一次看到了不平凡的光芒。

老人走得很安详。2019年1月底，张爷爷和子女们在车岭村老家团聚，准备迎接新年。1月30日晚，他吃过晚饭后和家人聊到21时许便睡下了。次日，女儿去叫父亲起床，发现老人已在睡梦中与世长辞。

"对于老父亲的离去，满堂子孙甚为悲恸。但是，遵从老人生前的遗愿，将其遗体捐献给祖国医学事业，这是我们子女对父亲的最后一次敬重和孝顺。"大儿子说道。

2月3日上午，寒风凛冽。宁波卫生职业技术学院的遗体接收车缓缓驶入张爷爷所在的村，97岁老党员张爷爷的遗体覆盖着党旗，在低沉的哀乐声中，由子女们护送上车。张爷爷遗体离开村里时，人们手持白菊花，自发为这位平凡而高尚的老人送行，其间不时有人加入送行队伍……

（部分史料源自《宁波日报》2019年2月9日第2版）

第二节　医务工作者

致敬语：

有一群人，他们身着白衣、眼神坚定，他们无畏病毒、不惧生死，默默地将自己奉献给了这个岗位，用汗水和心血拯救一位位处于危难之际的人们，创造出一个个生命的奇迹。常有人说他们就像天使一般，只有他们自己知道，他们是用自己的身体为患者们筑起了一座座防御疾病的城池。他们的双手可以迎接祖国的稚嫩花朵，可以阻挡病毒的入侵，也可以托起一个又一个苍白的生命。究竟是什么让他们无所畏惧？是责任感？使命感？或是成就感？他们也只是微微一笑，那微笑如同一缕春风，将患者心灵的伤疤拂去，将身体的病痛拂去，吹进每个人心里，留下一张张笑脸、一个个鲜活的生命。他们就是我们身边伟大的医务工作者们。在医疗岗位工作的他们，深知遗体对于医学研究的价值，于是一些白衣天使选择捐献自己的遗体用于医学研究。

俞鸿成先生作为一名医务人员，将严谨和细致体现在工作中。在签订了遗体捐献协议之后的 10 年，他日日挂念捐献事宜，用生命践行了奉献与博爱，令人敬佩。

施福华女士作为一名执业医生，生前为中国病理事业做出突出贡献，她认为人走后，若有器官可捐献，是为他人造福，也是自己生命的延续，于是毅然决定捐献自己的角膜和遗体。

王德尚先生坚持从医执教 50 载，在教学岗位上兢兢业业，默默付出，获得多项荣誉的他并没有就此停歇，而是选择将遗体和器官捐献给有用的人，让我们领略了生命的意义。

阳医生将她的一生都奉献给了医学事业，她深知解剖对医学教育的重要性，和女儿一起办理了捐献手续，崇尚民主与科学精神的她，希望能给更多人带来重获新生的希望。

如果一个人深入理解了生命教育的真谛，那么与之相关联的对生命的关爱，和对个人价值的追求会深深镌刻在这个人的心里，伴随其一生的发展。这些医务工作者们为医学事业做出贡献，去世后也希望能够通过自己的器官或遗体照亮医学的道路。他们能够摒弃传统落后的观念，正确对待疾病和死亡，将自己奉献给整个社会，带来生命的永存，这让我们肃然起敬。

致敬者：宁波卫生职业技术学院人体生命科学馆副馆长曾斌老师

一、"生命永恒，大爱无疆"——俞鸿成

俞鸿成（1932—2014），男，浙江宁波人。宁波市康宁医院退休职工。

命运坎坷，迎难而上

俞老出生于1932年，自幼丧父，成为家庭主要劳力。他是一个传统型男人，中年时妻子因病离世，为了全心全意地照顾子女，终生没有再娶，种种际遇体现了他对家人的无尽关爱。俞老1985年转入宁波市康宁医院总务科工作，早年曾在上海恒顺昌油酱店做学徒，后进入建筑公司劳动锻炼，做过刀剪厂工人与百货商店营业员。从学徒时期开始，他便对工作持有奋发的热情，积极好学，为人严谨，做事细致，因待人和善而有着极好的人缘，他工作过的地方，普遍留有领导对他的积极肯定。在康宁医院那儿年，俞老主要负责院内采购与院内小商铺的日常运行，因表现突出，曾连续多次被评为工作积极分子。工作上，他兢兢业业，百货商店的经验使他承担起采购业务与小商铺的管理责任，在职期间一丝不苟，从未产生任何重大差错；生活中，他充满爱心，无论是职工的困难或是病人的需求都能得到他的关怀与帮助，使院内的小店真正实现了为患者、为职工服务的意义。

点亮蜡烛照亮他人，展现自我价值

1991年，俞老从医院退休，为了向社会贡献自己最后的能量，他萌发了遗体捐献的念头，并于2004年与镇海区红十字会签订了遗体捐献协议，承诺去世后将遗体、器官捐献给天一职业技术学院医学院（现宁波卫生职业技术学院），供医学研究和解剖教学使用。此后的10年间，俞老时刻挂念此事。2014年，预感到时日无多的他，在最后3个月的住院期间不忘督促子女们完成他的遗愿。

2014年7月老人在家中去世，享年82岁。当天，家人们完成了老人遗体、器官捐献的遗愿。

俞鸿成老人用自己的一生践行了他对人民、对社会的奉献与博爱，他的大爱在人们心中激扬回荡。

（部分史料源自浙江省红十字会网站 2013 年 3 月 27 日 http://www.zjredcross.org.cn/web/comm/context.jsp?MenuIds=40&articleRelationId=2469）

二、"夫妻同心，将爱传递"——施福华

施福华（1936—2016），女，浙江宁波人，执业医师。其丈夫王德尚曾是宁波卫生职业技术学院教病理知识的老师，2015 年被中华病理协会授予"中国病理事业突出贡献专家"。夫妻二人均办理了遗体捐献登记。

生而从医，逝做良师

施福华生前是宁波一所学校医务室的医生，2016 年 4 月，因为尿毒症并发呼吸衰竭去世，享年 80 岁。家属尊重其遗愿捐献了角膜和遗体。受移植者为帮助更多的人，成为一名药检专业大学生，他表示："感谢捐献者的无私奉献，我们才有重生的机会。"施福华的丈夫退休前是宁波卫生职业技术学院教病理知识的老师，退休后被一家民营医院聘请做病理诊断工作。2015 年，她丈夫还被中华病理协会授予"中国病理事业突出贡献专家"称号。

夫妻同心，奉献社会

"她旁边的位置是我的。我已经跟红会的人讲过了，等我百年后捐献遗体时用。"老人在纪念墙边看着妻子的遗像说道。"我和夫人有一个共识，人走了以后，如果器官还有用可无条件捐献。这是为他人造福，也是我生命实实在在的延续。"据老人介绍，施福华老人在很多年前就已经办理了遗体捐献登记，他本人也于三四年之前办理了登记，夫妻俩都是搞医学的，他们知道医学研究对医学发展的帮助有多大。更难得的是，两个女儿及家属也非常支持老人的善举。

"生为医学教授，逝做'无语良师'。"死亡不是终结，而是新的延续、新希望的开始。

（部分史料源自《现代全报》2017 年 3 月 24 日《妻子捐献了眼角膜和遗体，丈夫也办理了捐献登记》http://news.163.com/17/0324/01/CG8MQQA8000187VI.html）

三、"从医从教 50 载，夫妻双双捐献遗体"——王德尚

王德尚（1936—2020），男，浙江缙云人，宁波医学专科学校（宁波卫生职业技术学院前身）病理教师，参与编写过《病理学及疾病概要》等教材，多次被评为学校先进工作者，作品曾获得宁波市自然科学优秀论文奖。从医从教 50 载，夫妻双双捐献遗体。

从医从教 50 载

王德尚老师 1936 年出生在浙江缙云一个叫上王的美丽村庄。1959 年 8 月，王德尚毕业于浙江医学院；1959 年 9 月，他在宁波医学专科学校（宁波卫生职业技术学院前身）担任病理教师，参与编写过《病理学及疾病概要》等教材，作品多次获评宁波市自然科学优秀论文奖，个人多次获得学校先进工作者等荣誉。还曾担任过中国病理生理学会中等教学委员会常委、华东病理教学研究会主任委员、浙江省病理校际教研大组长等。王老师为民进会员，曾任民进宁波市委委员兼医卫支部主任委员；为政协宁波市第八届、第九届、第十届委员。

王德尚老师退休以后仍坚持从医执教，先后在宁波 10 余家医院从事病理相关工作。他坚持医、教、研结合，在临床病理一线勤奋工作 50 载。2020 年 3 月，王老师因脑血管大面积破裂去世。

老师学生赞赏不断

宁波市医学会病理学分会主任委员俞文英主任医师既是王德尚老师的同事，又是他的学生，她在接受采访时说："在学校，王老师是从事病理教学的老师；在医院，王老师是病理诊断医生。王老师既从事外科病理，又进行尸体解剖，还解决医疗纠纷及法医问题，王老师是宁波病理界的骄傲！"

宁波卫生职业技术学院周立峰教授说："王老师不仅发放计算机图文报告、做教学片，还开设各种讲习班，带领学生学习各种理论知识。常年的工作使王老师积劳成疾，他患过小中风、重症胰腺炎，但生活乐观，值得我们永远学习。"

"我们永远铭记你们的教诲，并沿着你们的足迹继续前行。"王老师的女儿王菁女士回忆起父母的往事热泪盈眶，"父亲勤奋刻苦，不讲究吃穿，只关心读书、工作。母亲富有爱心，为贫困山区和孤儿院的孩子们织毛衣、捐款捐物……"

夫妻俩双双捐献遗体

"以后万一我意外身亡，请将我的遗体捐献给医学科学事业，将我有用的器官捐献给有用的人，我的部分器官将活在世上，这是我生命的延续。"王德尚老师在遗书中写道。

王老师的夫人施福华女士和王老师同年出生，出生地点在和上王相距一公里叫雅湖的村庄。施福华女士是一名医生。2016年，施福华女士因患尿毒症性肺炎呼吸衰竭去世后，把遗体捐献给宁波卫生职业技术学院。"敬佑生命之重、感受生命之美、领略生命之意义。"宁波卫生职业技术学院郭春燕副校长希望本校全体医学生永远铭记"无语良师"崇高的精神，严格要求自己，认真学习，刻苦训练，为"健康中国"战略贡献力量。

宁波卫生职业技术学院每年新生始业教育都有生命教育内容，旨在教育学生："人体标本是遗体捐献者们生命的另一种延续，敬重'无语良师'，志做医学精英。"

（部分史料源自《现代金报》2020 年 10 月 16 日 A15 版 daily.cnnb.com.cn/xdjb/html/2020-10/16/content_1242141.htm）

四、"宁波市江东区捐献遗体第一人"——阳医生

阳医生（1922—2006），女，宁波市某医院副主任医师，九三学社社员，宁波市江东区捐献遗体第一人。

一生都献给了医学事业

阳医生出生于 1922 年，抗日战争时期辗转宜宾、上海，就读于同济医科大学，毕业后参军赴京，1956 年奉调至宁波从事医学工作。1985 年 3 月加入九三学社，是九三学社宁波市某医院支社社员。作为医院的副主任医师，她把自己的一生都献给了医学事业，1977 年退休后在宁波安养天年期间，仍不忘为医学事业做贡献。

"解剖课是医学教育不可缺少的一课，人体标本是必需的，我在大学时，解剖过好几具尸体，现在我应该做点贡献，死后让医学院的学生解剖我，学到真本领，将来为病人服务。另外，我出生时，中国只有 4 亿人，现在有十几亿之多，土地太宝贵了。人死了，烧了也是灰，还要占国家的土地，不如捐献出来继续发挥作用更有价值。"阳医生笑着说道。

母女共同登记捐献遗体

触动阳医生萌生捐献遗体想法的，是她女儿的行动。2002 年，住在上海的女儿接她过去小住。她了解到，《上海市遗体捐献条例》于 2001 年 3 月 1 日正式施行后，女儿很快办好了捐献手续。当时阳医生就想，我这个做母亲的不能落后了，回到宁波后她就和儿子商量这事。"听到母亲的这个想法，我当时比较犹豫。"阳医生的儿子说，"按照中国的传统观念，老人百年之后，

肯定要全尸下葬的。不过另一个问题又困扰着我，全尸而葬和尊重母亲意愿同意捐献，哪一个更加孝敬？"他很快找到了答案，母亲是九三学社的老社员，一生崇尚民主与科学精神，母亲捐献自己的遗体是为推动医学科学事业的发展，能给别人带来更多重获新生的希望，同时也算是母亲生命的延续！思来想去，尽管心里难受，他还是决定按照母亲的想法去做，以弘扬民主与科学精神。

2004年9月20日，《宁波市遗体捐献登记接受机构工作规范》正式出台，宁波市红十字会公布了遗体捐献的11家登记机构和2家接受机构，阳医生的儿子去江东区红十字会谈妥了捐献相关事宜。2004年12月3日，阳医生从红十字会工作人员手中接过了"捐献角膜（眼球）纪念证"。2005年1月18日，宁波电视台闻讯前来采访了阳医生，事后颐乐园里的工作人员和老人们都冲她竖起了大拇指，连连说了不起。

母子共同热心公益，无私奉献

了解阳医生的人都说："母亲晚年捐献遗体，儿子平时捐款献血，真是一对热心公益的母子！"在母亲的影响带动下，儿子对公益事业一直都很热心。近年来，他累计献血23次，共13000毫升，其中3次是献血小板。献血明星评选条件是连续四次或累计献血2000毫升以上，按照这个标准，他超过了好几倍。献血积极，捐款捐物他也不落后于人，东南亚海啸发生后，他到宁波慈善总会捐了600元。据了解，这几年阳医生的儿子前后共捐款五六千元。而他自己平时的穿戴却相当朴实，一点也不讲究。没有慷慨陈辞，没有豪言壮语，阳医生和她的儿子用行动诠释着他们对公益事业的热爱。成己为人，成人达己，让人肃然起敬的行动后面，闪耀着两位知识分子崇高思想境界的光辉。

江东区捐献遗体第一人

2004年12月，阳医生在江东区红十字会办妥了遗体捐献手续。江东区红十字会秘书长沈英波感动地说，阳医生是江东区捐献遗体第一人。

2006 年 12 月 23 日，84 周岁的阳医生去世了，她儿子通知了浙江宁波江东区红十字会，工作人员到家里接走了她的遗体，了却了老人的心愿。

（部分史料源自"娃娃鱼的博客" 2010 年 11 月 30 日）

第三节　人民教师

致敬语：

"春蚕到死丝方尽，蜡炬成灰泪始干"，千百年来，人们都喜欢用这句话来赞颂我们的人民教师。教师是太阳底下最光辉的职业，教师将我们的理想与国家未来紧密连接在一起。教师，既是辛勤的园丁，也是人类灵魂的工程师，教师拼尽全力，传道授业解惑，不仅从理论上给学生传授知识、培养人格、培育技能，促进学生健康生活习惯的养成和积极生命态度的形成，还在实践中身体力行，将生命教育渗透进日常生活和学习的方方面面，为国家培养一代又一代的人才。那些在生前是人民教师的"大体老师"更加令人肃然起敬，生前他们用智慧之光为学生开道，教导学生从幼稚走向成熟；在生命的最后一刻，也不忘用尽最后一缕烛火点燃下一棒火炬，将这份爱永远传递下去……

曹静宜老师从教 38 年，把一辈子献给了教育事业。她心系教育，爱生如子；她辞严义正，教育后代；她不求回报，以"身"烛照他人，不为自己求安乐，但愿众生得离苦。

崔宝秀老师像妈妈一样无微不至地照顾每一个孩子，病痛缠身之际希望自己的角膜能给别人带来光明，希望自己的遗体能为医学研究提供帮助。她捧着一颗心来，不带半棵草去。

贾玉珍老师无私奉献写春秋，呕心沥血育新苗，在教师岗位上兢兢业业，在生命最后，留下希望。

梁老师勤俭节约，每年将自己的生活结余用于捐赠助学，生前累计捐献助学款 5 万元；留下遗言，捐献遗体，并将自己丧葬费结余用来资助家庭经济困难学生。

盛老师命途多舛却积极乐观，艰苦朴素却始终致力于公益事业，苦难和病痛没有把这位坚忍的女性打倒，她一步步向前走，最后将自己奉献给了医疗事业，奉献给了整个社会。

顾老师在自己的职业生涯中闪闪发光，离世后将自己的光亮传递给了热爱医学的后辈们。

没有豪言壮语，只有默默地付出；没有惊涛骇浪，只有宁静地坚守；没有硝烟战场，只有时光平凡地流淌。他们不计回报，倾其所有，甚至不顾生死地付出……他们对教育的执着追求，对学生的谆谆教导，对社会的无悔奉献，正是教师精神的完美体现，是我们每个教育工作者为之敬仰，并且应该不遗余力坚定追随的方向。他们让社会价值、个人价值和教育自身发展价值在"生命活动"实践中达到统一，使教师的价值得到实现，生命质量得以提升。

一个人生命的长度有限，但生命的宽度是无限的。捐献遗体，体现了他们的博大胸怀和无疆大爱，他们的爱是对自然的爱、对生命的爱、对国家的爱、对社会的爱，爱的意义更深远，爱的精神更超凡。正如汪国真在诗中所说："当我走向你的时候，我原想收获一缕春风，你却给了我整个春天。"他们的存在让我们的生活充满光亮，让我们的心灵沐浴花香，让这个世界多了一份永存的爱意。

云山苍苍，江水泱泱，先生之风，山高水长。致敬，我们的每一位"大体老师"！致敬，中国教师精神！

致敬者：浙江省解剖学会理事、宁波卫生职业技术学院基础教研室刘玉新教授

一、"一辈子奉献教育事业的女教师"——曹静宜

曹静宜（1936—2018），女，浙江宁波鄞州人，毕业于宁波著名的甬江女中。曾在幼儿园、聋哑学校以及宁波多所小学任教，是小学高级教师，从江东中心小学退休。她从教 38 年，把一辈子献给了教育事业。荣获"宁波慈善奖"捐赠个人奖。

心系教育，爱生如子

在曹老师女儿的眼里，曹老师是一个对工作很拼的人，对学生比对自己的孩子还关心。曹老师的二女儿董女士说，自己的爸爸以前在海洋渔业公司工作，单休，一周回一趟家。而曹老师太忙了，很少能管家，多数时候都忙着给学生补课、开小灶，把学生一个个送进重点大学。家里则由大女儿当家，帮着拖地、倒马桶、洗被子。她每天给女儿们每人一毛钱的菜钱，不能超支。曹老师的二女儿觉得自己的童年没有在妈妈翅膀下被呵护的感觉，但她知道，妈妈的爱是大爱，妈妈最开心的事就是讲述自己当年的学生现在有多棒，这是她的骄傲。

辞严义正，教育后代

曹老师带孙辈去得最多的地方是天一阁。曹静宜老人把对女儿们的愧疚弥补在了下一代人身上。她有一个笔记本，记录了家族每个人的公历和农历生日，生日一到，每人发一个大红包。她对孙辈的教育像对自己的学生一样严格，孩子们对她充满了敬畏。

"不能捣蛋，大人上桌吃饭孩子才能动筷，吃饭时不能交头接耳。"外孙女戴女士说。以至于后来有孙辈宁可被锁在家里，也不愿意去外婆家。"小时候，外婆带我们去得最多的地方是天一阁，每次教育我们，你看人家多厉害，看了这么多书，专门造了一栋房来放书，这个人有多爱读书。"外婆的一句话让戴女士到现在都忘不了："外婆说，作业做得又快又对才能叫'做好'。

有错题，只能叫'做完'。"曹静宜老人还自己出试卷，测验孙辈。

有一回，戴女士得了100分，超级开心，但外婆却只给了她98分。外婆是想提醒她不要骄傲："我出的这些题你没有做错，再出一份试卷，你未必还得100分。"她对丈夫的好，也让家人们感动。"听说南瓜子磨成粉拌到粥里吃，对爸爸的身体好。每天，我的妈妈坐在那里不停地嗑南瓜子剥肉给爸爸吃，连着嗑了好几年。"董阿姨说，她每次给爸妈送菜，妈妈都是让爸爸先挑，爸爸不爱吃的，她才留给自己。

设立"江东中心小学曹静宜爱心基金"项目

离世前，曹老师留下遗愿，死后不立墓碑，不留骨灰，遗体捐献用于医学教育，丧葬费全部捐献给助学基金。江东中心小学遵循曹老师的遗愿，每年把10万元爱心基金的理财款项作为助学金，长期资助光明小学需要帮助的学生。现在，曹老师的这笔资金移交给新成立的周秀芳爱心驿站，用于帮助和龙品学兼优的学生或贫困学子。

以"身"烛照他人

曹老师的丈夫董老先生是军人出身，多病，他一直提倡厚养薄葬；而曹老师晚年有"骨头痛"的毛病，找不出病因。早在2014年，曹静宜老人同丈夫董老先生一起登记了遗体捐献。据老人的女儿董女士介绍，遗体捐献最早是由董老先生提出来的，曹老师一听就觉得这是好事，马上表示认同。夫妻俩都希望能把自己的遗体用于医学研究，说不定日后能帮到其他被病魔困扰的人。在登记表中，曹老师选择了不留骨灰，将遗体用于医学教育，唯一的心愿是在夫妻百年之后，在遗体捐献纪念墙上，两人的遗像能并排摆放在一起。

2018年4月4日早上，曹静宜老人坐在餐桌旁喝水吃药，等老伴发现时，她趴在桌子上没了呼吸，手中的药瓶掉落在地。当董女士问其父亲"遗体捐献程序还走不走"时，董老先生态度坚决地说："走，这是对社会的一个承诺。"当着家人的面，董老先生自始至终没有流过眼泪，只是在妻子出殡后的第二天，他病倒了，发了高烧，多日后才全退。

不为自己求安乐，但愿众生得离苦。曹老师的言行是高尚人格的体现，她的大爱大德虽然无言，但世人将永远铭记着她。

（部分史料源自百度百家号 https://baijiahao.baidu.com/s?id=1597502721323384317&wfr=spider&for=pc）

二、"足够平凡，足够伟大"——崔宝秀

崔宝秀（1968—2017），女，浙江台州天台人，2017年逝世后捐献角膜和遗体。

平凡生活，夫妻恩爱

崔宝秀1968年出生在天台县雷峰乡崔家村。家中5个兄弟姐妹中排行老小，待人也和善可亲。早年在村里的幼儿园当幼师。她那时未结婚，对待每一个孩子都像妈妈一样无微不至地照顾。有一年冬天，一个孩子尿裤子了，崔宝秀怕把孩子冻着，连忙跑到奶奶家找出裤子给孩子换上。不论在生活中还是学习上，崔宝秀都用细心呵护着孩子，孩子们也都很喜欢崔老师。后来，崔宝秀遇到教数学的丈夫，两个人就走到了一起。25年前，丈夫陈益明带着妻子崔宝秀从台州老家来到宁波。和众多闯荡者一样，他们希望能够在宁波扎根安家，甚至颐养天年。菜场摆摊卖菜，成为夫妻俩的营生。虽说起早贪黑有些辛苦，可夫妻俩过得很是幸福，儿子也慢慢长大，这一家人正走在属于他们的幸福路上。

"2010年，我生病住院花了好几千，那一次她刚好捡到一个钱包，里面有700元现金，她还给人家了。"陈益明说，这些年，虽然他们卖菜很辛苦，可崔宝秀善行不断，她的乐观向上让她获得了很好的人缘。崔宝秀经常帮助

别人，有时候，当边上的摊位有事要走动，她都主动帮忙照看。大家对崔宝秀的印象都非常好，连老外也喜欢光顾崔宝秀的生意，她向老外学习英语，然后她教老外中文，于是成了好朋友。她有时还会送菜给人家。汶川地震、玉树地震，她也会去捐款，即使过得不富裕，但崔宝秀仍将助人为乐付诸行动。

遭遇重病，萌生捐献念头

2012 年 8 月的一天，这家人的幸福生活遭遇艰难。崔宝秀持续肚子痛，却一直查不出原因，陈益明便带着她前往上海就诊，结果被确诊为卵巢癌晚期。随后的日子里，夫妻俩走上了寻医问药的治病之路。即便是晚期，崔宝秀依旧乐观积极地配合治疗，顽强地与病魔做斗争，每周往返宁波与上海进行治疗。常年的化疗使她一头秀发掉光，她戴着假发，戴着帽子，脸上却依旧保持微笑，让大家看到都不觉得她是一个病人。每一次亲戚朋友去看她，她会像小孩一样开心地讲她卖菜时的事，讲以前的事，讲与丈夫恋爱的事或者和他们比身高，合影……还不忘叮嘱大家多多检查身体，珍爱生命……

转眼夫妻俩的寻医治病路走到了 2014 年。两年的经历，让崔宝秀结识了众多病友，大家相互鼓励、加油，祝福对方能够康复，可现实却是相反的，夫妻俩不时会接到有病友离开的消息。慢慢地，崔宝秀的心里萌发了捐献遗体的想法。她前后经历了 40 多次化疗，病情反反复复，可即便如此，她也从未抗拒治疗，虽然这病难治，但她也希望有奇迹发生。一直到 2017 年 9 月 20 日，伴随着并发症肠梗阻的出现，崔宝秀知道自己已经没有回来的可能了。"放弃吧……"她第一次跟陈益明说出这句话。与此同时，崔宝秀也加快了实施自己最后捐献的遗愿。面对妻子的执意，陈益明同意捐献角膜，但不同意捐献遗体。两情相悦，虽想携手走完一生，奈何疾病困扰，丈夫希望留个念想。"我们的爱情很平凡，多年的相互扶持，更多的是亲情，我能做的就是多陪伴她。"夫妻俩从未吵过一次架，但这一次，面对妻子的善举，陈益明一时无法接受。即便如此，崔宝秀丝毫没有动摇。她多次找到主治医师徐丽艳了解捐献的相关手续。徐丽艳了解事情经过后，也劝过崔宝秀，让她考虑一下家人的意见，毕竟能够捐献角膜已经很好了，可她却很执意。

"人死了就是一堆灰，啥用也没有，可是还有多少人想活着看看这个世界，我愿意帮助他们。如果我的角膜装在一个宁波人身上，我还想在人群中再看看你。"崔宝秀和老公据理力争。"反正也要火化，还不如捐了。"崔宝秀说，自己病痛缠身6年，深深体会到其中的痛苦。她的捐献初衷有两个，一是病痛缠身，深知其中的痛苦，希望自己的角膜能给别的人带来希望；二是家族中有多例患癌症的人，希望在医学研究上提供帮助，找到破解的方法。去世前，崔宝秀还交代丈夫一个"任务"，那就是给天南地北的病友们打电话，给他们打气，告诉他们"我走了，但你们还要继续坚持，要相信医学会进步，最终会攻克疾病"。妻子的善举和自己的不舍，让陈益明内心很是煎熬。"你都捐了，我还有什么念想？""还有眼睛啊，在宁波说不定哪天就能看到你。"

捧着一颗心来，不带半根草去

徐丽艳清楚地记得，这一天是2017年11月24日，崔宝秀心情很好，陈益明扶着她，手牵手走进办公室，拿了表格填写并签字。第二天，陈益明特意请假，去宁波红十字会办理了相关手续。去世前的52天，崔宝秀一直住在该院全科病房。2017年12月14日晚上，下了班的陈益明急急忙忙赶到李惠利医院，伺候妻子洗漱，寸步不离地陪着她。当晚11时许，崔宝秀表示要上洗手间，当陈益明抱起她的时候，她突然说："我要走了，你赶紧把我放下，给我穿衣服。""眼镜哥哥，记得帮我完成……"弥留之际，她叮嘱老公一定要帮助她完成捐献的心愿。

12月15日凌晨，崔宝秀弥留之际再次要求丈夫为自己完成捐献。"然后我给她穿衣服，她嫌衣服不漂亮，后来又说漂亮也没用，反正（遗体捐献时）很快也要脱掉。"陈益明想起妻子在生命最后还能保持幽默，笑了一下又哭了。零点 50 分，49 岁的崔宝秀安详地离开了人世。接到崔宝秀离世的消息后，宁波市眼科医院医生第一时间赶到，小心翼翼地取下了她的一对角膜。"我的宝，你去了，我不舍，30 年相守，你有 10 年病痛，但你乐观、积极向上、开心。想起你，我又泪流满面。"这是陈益明发在朋友圈的消息。"如果没有这个病，我跟宝还能再相守 30 年。她捐献遗体，就是想让其他病人能多一分活的希望，她是对的。"陈益明说。她的那一对角膜至少能让 2 名角膜病患者重见光明。她虽然闭上了眼睛，但还会有人替她看看她爱的这个世界。她的遗体捐献给了宁波卫生职业技术学院用于医学教学研究。

结束代表着新的开始

2017 年 12 月 16 日上午，手里攥着环保袋的陈益明来到李惠利医院，完成妻子最后遗愿，一一感谢在妻子生命的最后 52 天里给予她关心照顾的医护人员。即使在妻子弥留之际，医护人员对他们也很是照顾，让妻子最后走得很安详。

在崔宝秀离世后，陈益明一一给这些年来一直鼓励妻子的病友发去消息，并暖心鼓励他们坚持，"相信随着医学的发展，这个病会治好的"。6 张用药明细单，8 本病历本，是这些年的求医见证。陈益明随身携带几张纸，详细地记录了崔宝秀患病 5 年多来的每次化疗、用药及检查后的指标。他说，希望这些记录能给其他病友带来一些帮助。随着妻子的心愿完成，陈益明也迎来了全新的生活。他说，希望在未来的日子里，能够在人群中再看妻子一眼。

感谢那些足够平凡，却又足够伟大的人。

（部分史料源自浙江在线－宁波频道 2017 年 12 月 17 日《以后在宁波我还会见到你！弥留之际妻子捐献眼角膜和遗体延续善心》http://nb.zjol.com.cn/system/2017/12/17/021635531.shtml；《宁波晚报》2017 年 12 月 28 日《一路走好！天台崔女士捐献眼角膜、遗体留下最后的爱》http://k.sina.com.cn/article_2389656497_8e6f43b1001002v0j.html?cre=healthpagepc&mod=f&loc=4&r=9&doc

t=0&rfunc=100 ;《现代金报》2017 年 12 月 17 日《幸福家庭被"卵巢癌"打破，弥留之际她希望捐赠遗体》news.cnnb.com.cn/system/2017/12/17/008709299.shtml ;《宁波晚报》2017 年 12 月 17 日第 A2 版《患上卵巢癌晚期与疾病抗争 5 年多离世后，她捐献了角膜和遗体，丈夫说："我的宝"把爱永远留在了这座城市》daily.cnnb.com.cn/nbwb/html/2017-12/17/content_1087821.htm）

三、"用奉献照亮前路"——贾玉珍

贾玉珍，女，河北省张家口市桥东区人，中学退休教师，于 2013 年 7 月逝世，逝世后遗体捐献给宁波卫生职业技术学院用于医学研究。

无私奉献写春秋

贾玉珍和她的丈夫都是人民教师，工作兢兢业业，教书育人几十年。之前他们在河北工作、退休，谁料在 1996 年外孙两周岁生日那天，贾玉珍老人突发脑溢血，从那以后，她再没离开过轮椅。她的丈夫康伯伯每天悉心照顾，喂饭、擦洗、推她到公园散步，共同承受的痛苦让他们愈发感受到健康对一个人的重要性。2002 年，他们的女儿一家由于人才引进到了宁波，为了照顾瘫痪的母亲，2003 年就把父母也一起接到了宁波。2011 年，贾玉珍的丈夫康伯伯在电视上看到死后可以捐献遗体，为医疗事业做份贡献，和老伴一说，两人都觉得很有意义。2012 年 6 月，康伯伯感觉到老伴的身体每况愈下，便推着她到海曙区红十字会，两人一起做了遗体捐献登记。

2013 年 7 月 17 日，贾玉珍老人永远地离开了这个世界，家人按照捐献登记的约定将她的遗体捐献给了宁波卫生职业技术学院用于医学研究。贾老师奉献了一生，最后将自己也奉献给了社会。"我们都觉得这个选择很有意义，女儿和外孙也引以为荣。"康伯伯说，"如果我们去世后能帮助别人获得健康，何乐而不为呢？"

丈夫"占位子"

2015 年 3 月 31 日下午，100 多名红十字志愿者来到位于镇海区大同公墓的宁波市遗体捐献纪念陵园，对捐献者们表达敬意和哀思。照片中的贾玉珍慈眉善目，而她右侧的位置，却被人用白色涂料画了个大大的"×"。"我是给自己占位置呢。"贾玉珍的丈夫——80 多岁的康伯伯微笑着说："我死后，也要捐献遗体，也要把'家'安在这里，来陪我老伴。"

（部分史料源自《宁波晚报》2015 年 4 月 1 日《他们走了，将光明和希望留在了人间》http://daily.cnnb.com.cn/nbwb/html/2015-04/01/content_849462.htm；中国宁波网 2015 年 4 月 1 日《宁波器官、角膜和遗体捐献人数均为全省第一》http://news.cnnbcom.cn/system/2015/04/01/008291106.shtml）

四、"爱心义举，捐资助学"——梁老师

梁老师（1931—2015），女，宁波某学校退休教师，宁波著名爱心人士。

勤俭节约，捐资助学

梁老生活非常节约，勤俭是梁老师刻进骨子里的习惯，"一粥一饭，当思来之不易"，尽管如今物质条件逐渐改善，梁老师也不愿浪费国家的资源。虽然对自己花钱"小气"，但梁老师从师以来，一直默默帮助家庭经济困难的学生完成学业，她认为孩子只有获得了知识才能获得财富，才能改善自己的生活，才可以为国家、为人民做出贡献。2011 年开始，她通过宁波市红十字会结对助学，每年将自己的生活结余用于捐赠助学，生前累计捐献助学款 5 万元。梁老师曾资助宁波卫生职业技术学院两名学生，这两名学生通过登门拜访或打电话等方式向梁老师汇报学习、生活情况，学生们的优异表现让梁老师深感欣慰。于是梁老师留下遗言：捐献遗体，并将自己丧葬费结余用来资助家庭经济困难学生。

2015 年，梁老师病逝，享年 84 岁，毕生节俭只为一次"奢侈"，去世后女儿帮母亲捐赠 10 万元助学金，完成其遗愿。

悼念梁老师，感恩言大爱

梁老师去世后，宁波卫生职业技术学院 10 名受助于梁老师助学金的学生，怀着一颗感恩的心，前往大同公墓宁波市遗体捐献纪念陵园悼念梁老师。大家回忆了梁老师的爱心事迹，共同瞻仰了她及其他遗体捐献者的遗像，并在遗体捐献纪念碑前献花。同学们被梁老师的爱心义举深深感动，纷纷表示要传承梁老师的大爱精神，努力学习，踏实做人，回报社会。

（部分史料源自宁波市红十字网 http://www.nbredcross.org.cn/News_View.aspx?CategoryId=27&ContentId=2653）

五、"一缕幽香存世间"——盛老师

盛老师（1931—2017），女，中共党员，20 世纪 50 年代就读于北京师范大学，1956 年 12 月至 1986 年 12 月在宁波某学校工作，曾获宁波市优秀共产党员荣誉称号。2017 年 10 月 10 日因病逝世，享年 86 岁，家属根据其生前遗愿捐献了遗体，用于医学教育事业。

命途多舛却积极乐观

"盛老师的一生用曲折多舛来形容一点都不为过。"毛老师是盛老师的好友，与盛老师共事了 30 多年，十分了解她的经历。20 世纪 50 年代，能进入高等学府求学的学生不多，女学生更少。盛老师以优异的成绩考取北京师范大学，但因身体原因，就读一年多就退学了，这成为她的毕生遗憾。20 世纪 60 年代，盛老师与同在学校任教的爱人相知相恋并组成了家庭，然而美满幸福的生活却在一次踩踏事故中戛然而止，盛老师的爱人为保护学生因公牺牲。那年，盛老师的小儿子只有两岁。但她没有就此跌倒，悲伤过后的她决定重新振作，独自挑起了养家和培育两个儿子的重担。20世纪80年代，不幸再一次降临，盛老师家遭遇大火，家里的物品都被烧毁。大火过后，学校和老师们都为盛老师捐款捐物，开始盛老师执意不收，学校和老师们做了很多思想工作，盛老师才勉强收下了一部分。之后，她特意把所捐赠的钱物都记录了下来。

让大家没有想到的是，仅仅半年之后，盛老师就一一登门感谢，并还清了所有钱物。盛老师常常说，在自己最困难的时候，获得了学校老师们的援助，所以在以后的生活中更要帮助学校，帮助社会。

对自己节俭，对他人大方

盛老师一生艰苦朴素，却始终致力于公益事业。从1998年宁波市开展"慈善一日捐"活动开始，她就决定从退休工资当中拿出一部分捐给贫困学生，而且每年还增加100元。2011年，盛老师"慈善一日捐"的捐款数额已有1300元，现在至少也有2000元了。她说过，只要她在世，捐款就会坚持下去。在盛老师朋友毛老师的记忆中，盛老师除了定期参加一日捐活动外，还多次参与救灾、扶困、助学活动，仅2001年就捐款4200元。盛老师生前还结对了7个贫困地区的孩子。盛老师曾在一篇短文中写道："在我的一生中，不知度过了多少今天。以前从未感到昨天、今天、明天有多少区别，人越到年老，对这'三天'的含义就越有新的理解……明天，我已到高龄，体内各个器官衰老，免疫功能在降低，这是自然规律，谁也无法预测……今天，我要好好珍惜它。知足常乐，助人为乐，只有这样，待到明天来临时，才不会感到遗憾。"这一段话似乎是在为她捐献遗体的义举做铺垫。

奉献自己，成就社会

90年代初，盛老师的大儿子从医学院毕业之后，分配到宁波一家医院当外科医生。一次与儿子闲聊中，盛老师得知医学院可供医学研究的遗体非常少，因为当时人们受"入土为安"传统思想的影响，志愿捐献遗体的人很少，所以导致很多病源无法得到临床验证。盛老师在感到惋惜的同时，心中的一颗种子默默发芽。2006年9月，盛老师办理了遗体捐献手续，也是自2003年宁波出台遗体捐献条例以来第10位志愿捐献者。她希望可以通过奉献自己来成就我国的医疗事业，希望可以帮助到更多需要帮助的人。"捐献遗体不是一般人能够做到的，盛老师是一个了不起的人。"学校党总支书记、副校长叶老师说，盛老师作为一名老党员，把最后的余热奉献给了医学事业。

2017年10月10日上午9时许，在宁波市第一医院，一场简朴的遗体告别仪式在这里举行。宁波市某中学退休教师盛老师因病逝世，她的家人和多位同事及好友特意赶到医院，送她最后一程。"妈妈，我还是听您的话，完成您的遗愿了。"在盛老师病床前，她的小儿子悲痛万分，对妈妈反复说着这句话。母亲艰难的一生在这里走到了尽头，一次次的苦楚并没有把这个坚忍的女人打倒，她一步步向前走，最后将自己奉献给了医疗事业，奉献给了整个社会。

后人追思，精神不朽

2018年1月8日，"大体老师"盛老师追思会在宁波卫生职业技术学院教学楼B1205追思室举行。应志国副校长表示，盛老师大爱无私的奉献精神正是我校仁爱文化之魂，是师德之本，是仁爱之心，希望全体师生要感恩盛老师的大舍大爱精神，要学会感恩、尊敬和仁爱，做"有理想、有道德、有文化、有纪律"的社会主义建设者和接班人。

医学技术学院卫检专业教师代表马少华老师表示，我们学校是一所有着深厚医学底蕴的健康服务类高职院校，我们的学习，我们的事业，离不开"大体老师"的支持。盛老师生前和逝后都在践行"仁爱健康"，盛老师是我们全体师生学习的榜样和楷模。学生代表金萍同学表示："盛老师一生节俭朴素，一直用自己的微薄之力帮助他人，离开后，还将遗体捐献供医学研究，这种大爱精神值得我们学习。盛老师的义举也使我在以后的公益事业上走得更加坚定。"

半亩方塘长流水，呕心沥血育新苗。在教师岗位中盛老师兢兢业业，平易近人，培育了一批又一批的社会栋梁。而在慈善事业中，盛老师一次次体现出的大公无私、不求回报的精神值得我们学习。

感谢在生命最后之际，留下希望的"大体老师"们。

（部分史料源自宁波卫生职业技术学院 2018 年 1 月 8 日 http://www.nbchs.net/86/ba/c1337a34490/page.htm；《宁波晚报》2017 年 10 月 12 日 http://news.cnnb.com.cn/system/2017/10/12008687760.shtml；人民网浙江频道 2017 年 10 月 25 日《宁波八旬退休教师完成最后一次"爱的奉献"》zj.cnr.cn/gedilianbo/20171025/t20171025_524000008.shtml）

六、"曾任某市世界语协会副会长"——顾老师

顾老师（1929—2011），男，曾任某市世界语协会副会长兼秘书长。

德艺双馨，积极任教

顾老师从 1956 年开始在某学校师资训练班进修，一年之后调上海某中学任教。在教师岗位上顾老师认真敬业、循循善诱，对待课堂他从不懈怠，在三尺讲台上挥洒自己的汗水，他将心血融入教育，课前仔细备课，课后关心爱护学生，对待学生他总是和蔼又有耐心，他真心希望学生可以有更出彩的未来。

在世界语方面造诣颇深

顾老师对世界语充满热爱，于 1951 年加入中华全国世界语协会。因为有出色的教书经历，顾老师在 20 世纪 80 年代曾为多所高校辅导过学员，细致又丰富的课程深受学员们的喜爱。

1988 年，顾老师加入了中国民主促进会。因在世界语方面有较深的造诣，顾老师在宁波积极参加当地世界语活动。他曾任某市世界语协会副会长

兼秘书长，顾老师的一些文章和译作在《世界》《世界语学习》《世界语者》《学习》等刊物上发表过，读者们都很喜爱顾老师的作品。

在顾老师离世后，他的遗体捐献给宁波卫生职业技术学院用于医学研究，顾老师的义举不仅影响了他身边的人，同样也给我们树立了榜样，生前他为世界语做出贡献，死后他又为医学、为社会做出了巨大贡献。

第四节　退伍老兵

致敬语：

　　绿色的军装，鲜红的旗帜，一个个胜利的徽章，似乎都在诉说着当年他们的英勇无畏。在战场上他们誓死为国，铁血铮骨，他们用自己的血肉之躯铸造出坚不可摧的长城。在国家危难之际，他们满怀对祖国和人民的深情加入保家卫国的战争中。他们见证了自己的成长，见证了中国军民的顽强和毅力，见证了中国共产党的责任与担当，不退缩，不畏惧，处处展现出他们的英雄本色。卸下军装，他们低调、诚恳，积极为国家做贡献，心中时刻牵挂着国家和百姓，永远不会更改的是对祖国的真情和顽强拼搏、吃苦耐劳的品格。在生命的最后时刻，他们下定决心，将自己的遗体捐献给社会，走完人生的最后一段路。

　　任根德参加过戚家山保卫战，获得过"民族英雄"军功章、抗战胜利70周年纪念章等，被誉为"宁波抗战史活字典"，和平岁月仍不忘向后人讲述那些年的战火纷飞，帮助人们重温历史，逝后更是捐献了自己的遗体。

　　陈柏林早年命运坎坷，但他仍然积极面对，用自己坚强的意志掌握了很多知识，之后他用22年青春守护祖国的海岸防线，保国安民。退役后他仍牢记自己捐献遗体的心愿，用自己点燃他人的生命之火。

　　许荣根在岗位上不忘初心，深入服务，将全部的精力奉献给了党和国家。去世后，他的义女帮助他实现了遗体捐献的愿望。

　　吕英雄是一名黄埔老兵，豁达、包容是他的代名词。他虽受了很多苦难，仍乐观面对生活，他认为自己的生活没有一丝遗憾，从他的遗书中我们看到的是他的洒脱和对生死理解的透彻，他完成了老兵最后的冲锋——捐献遗体。

王英雄是一名抗美援朝老兵，怀着对国家的感恩之情，他希望自己身后可以继续造福社会。他是镇海区第一位遗体捐献者。

史英雄同样参加过抗美援朝战争，他认为捐献遗体是一种高尚的行为，虽然家人们开始持反对态度，但他仍下定决心，愿意在生命的最后时刻为社会做贡献。

陆英雄是一名抗日女战士，经历过艰苦卓绝的战争年代，也在"文革"时期被造反派批斗，但她忠党为党，捐献财物给需要帮助的人，几十年如一日地奉献早已融入了她的骨血，即使生命的最后一刻，她仍将自己的遗体捐献给医疗单位，倾力为社会做最后的贡献。

崔英雄曾参加过辽沈、淮海等重大战役，并且曾获"宁波助人为乐好人"的荣耀，他将一生都奉献给了慈善事业。

退伍老兵们保家卫国，荣耀在血液中流淌。退伍后仍能坚持作风，严于律己，保持进取，让人敬佩。马克思曾说："如果人仅仅为自己劳动，也许他能够成为著名的学者、伟大的智者、卓越的诗人，但是他永远不能成为真正完善和真正伟大的人。"而老兵们生时奉献于人世，去世后依然心怀苍生，奉献自己，他们的人生是很有意义的，他们才是真正高尚和真正伟大的人！

致敬者：宁波卫生职业技术学院医学技术学院党总支书记陈国平老师

一、"宁波抗战史活字典"——任根德

任根德（1921—2018），男，浙江宁波镇海人，抗战老兵。获"民族英雄"军功章、抗战胜利 70 周年纪念章等，被誉为"宁波抗战史活字典"。

参加戚家山保卫战

任根德祖籍镇海庄市，1921 年生于上海，出身小康之家，自小接受过良好的教育。抗战全面爆发后，任根德毅然参军。他参加了 1940 年 7 月的戚家山保卫战（又称"七一七"保卫战），和战友一起为镇海县城的光复浴血奋战。

那次保卫战是抗战时期中国军队在浙东沿海地区取得的一次重大胜利，被誉为"浙东的台儿庄战役"。战斗中，中国军队击毙日军近 400 人，击伤约 600 人。

任根德常说："抗战全面爆发后，'一寸河山一寸血'，太多战友献出了生命。作为幸运活下来的人，他为国家做再多的事，也是应该的。"

1942 年，任根德回到老家庄市务农，在庄市他曾为中共地下党员做掩护，接触和收留中共地下党员 60 多人。后来，任根德进入镇海供电局工作。

乐当抗战历史宣传员

任根德居住在招宝山街道，因为是抗战老兵，经常有人上门拜访，听他讲述那段战火纷飞的岁月。任根德总是精神矍铄地坐在客厅那张小桌子前，笑着迎接每一个想听故事的人。

任根德致力于将抗战时期的那段历史详尽地告诉每一个来探访他的人，记录、收集了许多抗战资料，留下了许多珍贵的历史资料。2011 年夏天，任根德在奉化参加崔永元公益基金会"口述历史"的采访活动，回忆当年"七一七"保卫战的经过，整整拍摄讲述了 6 个小时，让人重温历史，被誉为"宁波抗战史活字典"。

在任根德狭小的卧室里，有几个盒子，里面装的是他的"宝贝"，有他最珍惜的"民族英雄"军功章、抗战胜利 70 周年纪念章，还有泛黄的老照片和厚厚一叠荣誉证书。

任根德留下的东西不少，最多的是书籍和资料。按照老人生前的要求，两个女儿将父亲撰写的回忆录、参与编写的书籍、他人采访父亲后留下的文献资料等，全部捐献给镇海区档案馆。

积极资助，勇于捐献

多年来，任根德一直在坚持做一件事——资助贫困学生。任根德到底资助过多少名学生，这或许只有他自己知道了。平时，老人生活很节省，一盒豆腐他能吃上三天……

任根德有一件特别的"宝贝"，就是各地学生寄给他的信件。

就读于宁波工程学院的小倪在信里说："感谢您的资助，让我能顺利进入大学，我会好好学习，以后孝敬您。"衢州的小童在信里说："您让我体会到了人与人之间的信任和友爱，让我更有勇气面对生活和学习中的难题和困惑。不久的将来，我会接过您的爱心棒，将这份希望和祝福传递下去。"

许多年前，任根德曾经召集两个女儿开了一次家庭会议，主题就是遗体捐献。他跟女儿们说，他要做一件很有意义的事情，把遗体捐出去，给医学院学生学习用。任根德在表格上郑重地写道："我志愿将自己的遗体无条件地奉献给医学科学事业，为祖国医学教育和提高疾病预防工作的水平，贡献自己最后一份力量。"2007 年，任根德又一次提出了这个想法，还主动联系红十字会，要求两个女儿一同前去签字。女儿没有犹豫，代表家人郑重地签下了名字。

2018 年 2 月 5 日，任根德因病去世。根据他生前的心愿，任根德的两个女儿将他的遗体无偿捐献给宁波卫生职业技术学院用于医学研究。

（部分史料源自《宁波日报》2018 年 2 月 12 日第 5 版；2018 年 2 月 11 日

浙江新闻客户端《战功累累、捐资助学、捐献遗体……"宁波抗战史的活字典"走了》https://zj.zjol.com.cn/news/870911.html）

二、"生命之光，长存世间"——陈柏林

陈柏林（1923—2015），男，浙江宁波人，享年92岁，曾为退伍老兵，作家。

命途坎坷，积极面对

陈柏林的出身并不富裕，家里甚至都难以支付他的学费，不得已他只能背井离乡，过上了无依无靠的日子。1939年前后，陈老来到上海，从一个小学徒做起，每天起早贪黑，埋头苦干，却只能赚取那仅供糊口的薪水。但是贫穷、劳累、不公并没有消磨他的志气，他依旧积极乐观地面对艰苦的生活。和他身边的人不同的是，陈老从小就热爱读书，即使每天干完活腰酸背痛，也会在夜晚的时候，看会儿书、读会儿报，在那段艰苦的日子里，看书这个爱好让他开阔了眼界，也沉淀了自己。后来陈柏林报名上了工人夜校，过上了白天打工、夜里上学的"苦"日子。日子虽艰苦，但陈老也收获了许多，陈老的夜校老师是位中共地下党员，在此期间，他接受了共产主义思想，并对共产党产生了崇敬和向往。

以身许国，忠心耿耿

1949年春，上海解放了，拿着夜校的一纸文凭，在夜校老师的推荐下，陈柏林二话不说参了军，将自己奉献给了党，奉献给了国家。在所写的文章中，他多次袒露，"是党培养了我"，"是党哺育了我"。在此后的岁月里，陈老秉着一颗红心，身着一身绿军装，数十年严守金门岛，守卫祖国的海防线，保国安民。新中国成立初期的一江三岛，还是东海上的一个小荒岛，与今日旅游胜地的景象大不相同。在守岛的漫长岁月中，陈柏林需要忍受恶劣

的环境，需要忍受与家人分离的痛苦，需要时刻警惕周边的风吹草动，因为在他的身后是他需要保卫的国家和人民。他没有因为困难而轻言放弃，之后去到宁波市军分区。

生活平淡却古道热肠

陈柏林退役归来以后，一家人终于团聚。相聚后的日子，是平平淡淡、细水长流的。陈老褪去一身军装，担任了宁波第一建筑公司的技工学校党支部书记。离休后，他成为穿着休闲服、每日买菜散步的普通人。在退休后，陈老没有放下阅读和写作的习惯。他成为一名评报员，每天的工作是找出报纸中的"不恰当"。他会在一些小细节中，找出需要更正的地方。"我的父亲是一个很认真的人"，陈老的女儿陈女士说道。陈柏林老人在世时很喜欢帮助身边的人，是一位待人真诚、热情的老人。"他一辈子乐于助人，乐于奉献，帮助别人的事情多得数也数不清！"陈女士说道。2015年11月，在病榻上陈柏林拿到了一笔1000多元的稿费，他牵挂着一位因车祸住院的伤者，就让保姆帮忙将这笔钱捐给那位伤者。保姆被他的精神所感动，自己也掏出500元，和那笔稿费一起捐了。

2005年，老人在报纸上了解了遗体捐献的详细情况后，自愿签署了角膜捐献志愿书。虽然家人们一开始对老人的决定表示不太接受也不太忍心，陈老只是笑着淡淡地说道："就让我最后废物利用一次。"

牢记捐献心愿

"NB036"，这是92岁的陈柏林老人生前念叨了无数次的代号，"NB"指的是宁波，"036"指的是第36位角膜捐献志愿者。2015年12月15日，因胃癌晚期，他的生命走到了最后一刻。弥留之际，老人留下两句遗言："保姆这个月的工资拿到了吗？""记下捐献的电话，千万要帮我完成心愿。"老人最后时刻想到的不是自己也不是家人，而是这个社会。

陈柏林老人的女儿陈女士说："10年前，父亲签署了角膜捐献志愿书，

从此 'NB036' 这个数字，就牢牢地印在他的脑海里。当时，角膜捐献对很多人来说还是个陌生的字眼，而整天读书看报的父亲就已经知道，这是他这一生可以做的最后一次奉献！"但陈女士心中却还有许多的不舍："每每想到父亲的遗体要被解剖，我的心都像被刀割了一般。"陈女士说，从情感上来讲，父亲要把自己的身体捐献出去，她和哥哥都非常心痛，所以她在志愿书的家属签字一栏，填的是"知情"，而不是"同意"，即便这样，父亲的心愿总是要尊重。"他的一生都在奉献，到生命的尽头还能帮助他人重获光明，为祖国的医学事业做出奉献，我们有什么理由不支持他？"陈女士说："也希望通过父亲的事迹鼓励更多人身后捐献器官。"

父亲去世前的几个星期，陈女士回来陪他。当时，老人大多数时间都通过在黑板上写字和亲人交流。陈女士写下"下辈子再做父女"几个字，陈柏林微微睁开眼睛，对她轻轻摇摇头。"我知道他的意思，他不相信还有下辈子。他是一位共产党员，一个彻底的唯物主义者，他要求单位在他去世后不搞追悼会，不送花圈，不搞迷信活动。"去世前一星期，老人在他的小黑板上再次强调："记下捐献的电话，千万要帮我完成心愿！"

生命如花，光明长存

2015 年 12 月 15 日下午 1 时，宁波眼科医院接到陈老家人的电话，被告知陈老已经去世，按照他的遗愿，请医生立刻来取角膜。眼科医院角膜取材组一行四人来到解放军第 113 医院老干部病房，小心翼翼地取下老人的角膜，随后宁波卫生职业技术学院的工作人员也赶到病房，怀着崇敬之情带走了老人的遗体。

老人一生从不向命运低头，总是行走在充实自己和帮助他人的路上，他用生命演绎壮举，用自己点燃他人的生命之火，让光明长存！

（部分史料源自宁波市眼科医院 2015 年 12 月 17 日《92 岁老人陈柏林成为我市年龄最大的角膜捐献者》www.nbeye.com/art/2015/12/17/art_6431_335708.

html；浙江新闻客户端 2015 年 12 月 16 日《一路走好！92 岁老人成宁波年纪最大角膜捐献者》nb.zjol.com.cn/system/2015/12/16/020955942.shtml）；温州医科大学人体科普社 2020 年 9 月 14 日《点点星光，岁月留痕——谨以此文纪念陈柏林老师》https://mp.weixin.qq.com/s/p9FW6sOtp8BmHupo0WSbrg）

三、"小曹娥镇遗体捐献第一人"——许荣根

许荣根（1935—2013），男，浙江余姚人，曾在部队服役，1966 年加入中国共产党，是小曹娥镇实现遗体捐献遗愿的第一人，也是余姚市第 5 位成功捐献遗体的志愿者。

俯首甘为孺子牛

1935 年出生的许荣根是小曹娥镇曹一村人。1955 年至 1959 年在部队服役，1966 年加入中国共产党，1970 年后在小曹娥镇历任开山队队长、村社管委委员、农场党支部书记等职务。不管在什么岗位上，许老先生始终做到兢兢业业，不忘初心，默默奉献，任劳任怨。老人一生未婚育，将全部的精力奉献给了国家和党。

小曹娥镇捐献遗体第一人

2007 年，许荣根老人就填写了遗体捐献申请表。2012 年，许荣根老人入住小曹娥镇老年人服务中心。老人思想开明，早在 2007 年 10 月，就在宁波市红十字会办理了遗体捐献登记手续，强烈要求在身故后捐献遗体用于医学科学事业。2013 年 6 月 18 日下午，78 岁的许荣根老人在小曹娥镇老年人服务中心去世，义女钱群芬和宁波市红十字会取得联系，办理了遗体捐献手续。

据了解，许荣根老人是小曹娥镇实现捐献遗体遗愿的第一人，也是余姚市第 5 位成功捐献遗体的志愿者。

义女帮老伯实现夙愿

2013年6月20日上午，宁波卫生职业技术学院遗体接收站派专车来到小曹娥镇老年人服务中心，将该镇老党员许荣根的遗体运走，供医学教育、科研使用。至此，义女钱群芬终于帮这位七旬老伯完成了遗体捐献的夙愿。

（部分史料源自中国宁波网2013年6月27日 http://news.cnnb.com.cn/system/2013/06/27/007765427.shtml）

四、"一位黄埔老兵最后的冲锋"——吕英雄

吕英雄（1922—2012），男，黄埔军校老兵，1966年曾确诊患声带癌，生前亲自签署遗体捐献申请。

乐观的黄埔老兵

吕爷爷是一位黄埔老兵，一位记者曾经在《最后的黄埔老兵》序言中形容黄埔老兵："健忘、豁达、包容"是他们共同的特点，这"是医治人生苦难的良剂"。吕爷爷的这个特点尤其明显。

2011年，崔永元的《我的抗战》剧组来拍摄老兵的影像资料。在访谈中，老先生对自己过去几十年中所经受的苦难，寥寥几句带过，再问，就笑而不言，只说自己很满足。在数次的探访中，老先生也不止一次说对现在的生活非常满足，并且对经过"改造"、"准许"他重新归入"人民"行列，从心底里表示高兴。老先生经受了那么多苦难，却一直能够快快乐乐地生活，这需要多大的勇气和毅力！没有达观的精神力量，是根本无法支撑的。老先生说，他见证了香港回归，又在88岁那年看到了北京奥运会，接下去，要争取看到海峡两岸统一。吕爷爷的儿子说，无论是他们长期居住的村庄，还是晚年住在女儿定居的村庄，老先生从来没有被人非议过。每次送客，老先生总要送到村口。从村巷中一路走来，总有人恭敬而友好地向他问好。

洒脱告别

吕爷爷生前亲自签署遗体捐献申请，并给他的妻子、儿女及村里的领导、老年协会的兄弟姐妹写了遗书。遗书中字字揪心，每读一遍，心中都会泛起莫名的漪涟。见到遗书之后，才深切理解老先生说的"生老病死，我都安排好了"这句话的意思。老先生在遗书中，对自己一生的评价是"欢乐的，幸福的，心安理得的，没有遗憾的"，却没有一句抱怨，更多的是对家人的嘱托和感激，对村里领导和老年协会兄弟姐妹的感谢。其中一封非常特殊的遗书，是写给今后解剖他的医师们的，读来让人动容，使人仿佛看到一位慈祥的老人，在告别亲人、告别人间的时候，洒脱地挥挥手，轻声说再见，转身潇洒地迈入了天堂的大门。把生死看得如此透彻的，芸芸众生中又有几何？

捐献遗体，完成"最后的冲锋"

2012年11月3日凌晨2时10分，黄埔老兵吕爷爷走完了人生的最后一段路，遗体已按他的遗愿捐献给宁波市红十字会和宁波卫生职业技术学院。老先生的儿子在电话中说："父亲去世后2小时，打电话联系了红十字会，天亮后，殡仪馆派车接走了遗体，送往宁波卫生职业技术学院。按照父亲的遗愿，我们给他清洗了身体，换了全身的白衣、白裤、白帽、白鞋，干干净净地送他走了。"黄埔老兵吕爷爷用这种方式，完成了一位老兵"最后的冲锋"。

从军时保家卫国，参加工作时勤恳敬业，去世后捐献遗体，这样的一生足以让人感受到平凡人所能抵达的伟大。

（部分史料源自个人网页"行摄思书"2012年11月10日 https://www.zhuf.net/archives/1134）

五、"抗美援朝老兵，镇海遗体捐献第一人"——王英雄

王英雄（1933—2013），男，抗美援朝老兵。

2020 年是中国人民志愿军抗美援朝出国作战 70 周年。70 年前，中国人民志愿军雄赳赳，气昂昂，跨过鸭绿江，同朝鲜人民和军队一道，历经两年零九个月浴血奋战，赢得了抗美援朝的伟大胜利，谱写出气壮山河的英雄赞歌。王爷爷就是抗美援朝老兵中的一员。

从军入党，报效祖国

王爷爷幼年丧失双亲，20 岁入党，从军 30 余年，参加过解放大西北系列战役，经历了抗美援朝，也挺过了坎坷的饥荒岁月。他生前常说，像他这样的孤儿，一辈子都是党和国家培养的，自己不信鬼神之说，唯有坚定共产党员的信仰不动摇。

身后造福社会

王爷爷生前一直说："人走后，丧葬会给子女增添很多麻烦，建墓地会占土地资源，还不如把遗体捐献出去，就算器官老化了，没用了，供医学研究也是好事。"

2013 年 4 月 5 日，王爷爷不平凡的一生就此画上了圆满的句号，享年80 岁，而他也成为镇海区第一位遗体捐献者。

沿着老兵足迹奉献爱

王爷爷的妻子每年清明节都会和孩子来大同公墓的遗体捐献纪念陵园里看望他，她说："没有骨灰、坟墓也没有关系，有这么一块纪念碑也足够了。"她要沿着丈夫的足迹，奉献大爱！2014 年 6 月，王爷爷的妻子在社区工作人员的陪同下，在区红十字会办理了遗体捐献登记手续，传递着丈夫的爱心。

生前报效国家，身后造福社会。英雄老去，在生命的最后时刻，他们选

择捐出"自己",把最后的"礼物"奉献给祖国的医学事业,成为一名"无语良师"。

（部分史料源自 2015 年 3 月 30 日宁波文明网《镇海遗体、角膜、器官捐献者让大爱永驻》）

六、"援朝老将,无畏奉献"——史英雄

史英雄（1930—2017），男,浙江宁波人,曾参加过抗美援朝战争,为抗美援朝老兵。

初次接触遗体捐献

史爷爷曾是抗美援朝的一名军人,今日中国的富强正是因为有他们为我们浴血奋斗所换来的,战争虽已结束,但抗美援朝的精神却永不过时,对祖国的热爱以及为社会做贡献的热情在这位老人身上展现得淋漓尽致。史爷爷是在 2012 年产生捐献遗体的想法的。"我当时在报纸上看到了一篇报道,说一个 80 多岁的人在生前决定把遗体捐献出去,死后他的角膜还帮助了一位年轻人。"在自己死后,能用另一种方式救助一个生命或是用于科学研究,他认为这是一种很高尚的行为。既然别人可以,他这位援朝老兵也不服输！于是他萌发了捐献遗体的想法。

虽遭受反对,仍坚定想法

史爷爷把自己的想法告诉了家人,但等待他的却是一致的反对声。老伴和女儿反对得最厉害,"他们说我越老越糊涂,怎么会有这样的想法"。家人的不理解并没有让史爷爷打退堂鼓,他下定了决心想要说服家人们。一次不成,那就两次,两次不成,那就三次,一次次地尝试,直到她们同意为止。那一段日子,史爷爷找了很多资料,告知家人们捐献遗体是一件光荣又伟大

的事，去世后不仅可以帮助患病的人，还可以帮助医学发展，他想尽一切办法让老伴和女儿理解自己，并且支持自己的决定。"人死如灯灭，如果能把遗体捐献出去，还能在人生的最后时刻，为社会做点贡献。"史爷爷觉得把遗体捐献给医学事业，还能不占墓地，是一举多得的事情。寥寥几句朴素的话语，却闪耀着不平凡的光芒。

下定决心，奉献社会

最终，在老人的劝说下，家人也尊重并支持他的决定。2017 年 2 月 23 日，88 岁的史爷爷在家人陪伴下，在宁波市遗体捐献登记表上签下了自己的名字。"史先生：您志愿在逝世后将遗体无偿捐献给医学事业，这种高尚的精神，将永远受到人们的尊敬和赞扬。"老人也收到了鄞州区红十字会颁发的荣誉证书。"不管是用于医学用途还是拯救他人，我都愿意捐献，造福社会。"签下自己的名字后，这位老将坚定地说。干完这件大事的史爷爷并没有停止脚步。"我想让更多的老人加入到遗体捐献的队伍中来。"他说，在之后的日子一有机会，他就向周围的人宣传遗体捐献的意义，在他的影响下，多位老人有了捐献遗体的意向。

2017 年史先生逝世后，家人虽然悲痛但依旧尊重他的意愿，将他的遗体捐献给宁波卫生职业技术学院用于医学研究，这位老将的生命停留在了 88 岁，但精神会在奉献中延续，永垂不朽。

七、"感动慈溪年度人物"——陆英雄

陆英雄（1920—2016），女，2011 年感动慈溪年度人物。慈溪市某局离休干部。1920 年 4 月出生，1940 年 9 月入党，1940 年 10 月参加革命工作，1975 年 7 月于某小学退休，1984 年 5 月离休，先后被评为宁波市"离退休干部先进个人""社区之星""教育关工之星""老有所为积极分子""健康老人""十佳夕阳红老人"。

情为民系，忠心向党

陆奶奶年轻时，是一名抗日战士，在镇北、慈东、庄市从事革命活动，不论在艰苦卓绝的战争年代，还是在"文革"时期被造反派批斗，在所谓"叛徒、修正主义分子"等不公打击中，陆奶奶都"咬定青山不放松"，矢志不渝跟党走。默默地为党、为教育事业、为社会公益事业兢兢业业地工作。平时坚持自觉学习，市里组织的各种会议、活动，支部组织的政治学习，她总能准时参加，每次学习交流，也能做到认真发言。2007年9月，抗战胜利60周年纪念日，她邀请了社区内的20多个小朋友来家里，举行了抗战故事会。她还多次在慈溪市"老党员新风采"报告会上做过先进交流。

一生奉献，不求回报

陆奶奶1975年离休后担任起小学的校外辅导员，成为孩子们的"知心奶奶"，并且获得了2011年感动慈溪年度人物。

作为离休干部，陆奶奶的退休金并不低，但她对自己一直很"抠"：住的是20世纪70年代单位分配的老房子，家里的摆设和装修已有40年没换了，最值钱的是一台80年代的电风扇；平日生活基本不用电，有一年只用了9度电；为了节水，她长期使用井水，80多岁的老人仍能自己下楼拎水，一个月的生活费仅三四百元。她把省下来的钱都用在别人身上，组织孩子搞活动，给孩子买学习用品。在慈溪市某小学退休小组发起的捐献图书给贫困地区孩子的活动中，又积极捐上家中库存的所有图书，让那里的孩子能尽情遨游书海，放飞梦想。当看到社区内缺乏老年人活动、学习的场地和设施时，陆奶奶心急如焚，她慷慨捐款资助，作为老年活动室的活动资金。在疗休养期间，当得悉青海玉树地区发生地震时，陆奶奶立马在老干部局发起的捐款活动中，带头捐款300元，为灾区人民献上爱心。每次募捐她总是第一个，仅支援地震灾区和希望工程的捐款就超过2万元。她还与贫困学生结对，资助他们学习，前几年她将平时节约下来的10万元捐给政府，用于修建浙东区党委成立旧址和浙东工农红军第一师师长费德昭烈士纪念馆。"我婆婆她不信教，就是做好事一刻都没停。"陆奶奶的儿媳很敬佩自己的婆婆，她回忆，老人的晚年生活一直都很充实，为孩子进行课外辅导，走访老朋友等，所以她喜欢独居，直到3年前老人摔倒骨折，才搬去与儿子一起住。

她所做的每一件事对于我们、对于社会来说是特别可贵的事迹，但对于她自己来说却只是一件普普通通、十分平常的事。而正是这些"平常"的事，让社会变得更加美好！

见素抱朴，克勤克俭

陆奶奶每月有上万元的退休金，但生活甚是节俭，每月生活费仅三四百元。其他的钱，一分不留全捐给慈善机构或学校。生前居住在房龄几十年的公房里，家里的摆设和装修，还是30年前的：斑驳的墙壁、水泥板搭的灶台、老旧的木板床。客厅的一角，静静地躺着一台老式的电风扇——那是屋里唯一一台家用电器，因为太久不使用，上面早已积满了厚厚的灰尘；她平时基本不用电，最少的一年只用了9度电……"白天房间的光亮很充足，晚上我7点就睡了。"她笑呵呵地说。每年老干部局组织的体检，她从来不参加，觉得年事虽高，但身体硬朗，为国家节约点体检费。

诲人不倦，积极助学

陆奶奶对教育事业十分上心，她满怀对教育事业的挚爱，牺牲了大量的休息时间为学校德育活动联系社区资源和社会资源。她经常深入学校、社区，深入到家长和青少年学生中间，了解当前学生们的思想状况、生活和学习情况，掌握第一手材料，从而使很多活动开展得扎扎实实，而且发挥了很好的教育成效。当得知青少年宫社区要组建关工小组，她自荐成为关工小组成员，并积极主动地开展关工活动。首先，主动担任了慈溪市两所小学的校外辅导员。其次，经常与少先队大队辅导员联系，组织部分小朋友参观文化广场、现代农业示范区，带领孩子们参加社区内护绿活动；去人民法院旁听少年法庭审判；慰问在高温下坚持工作的清洁工人和交通警察。平时还约小朋友来家相聚，给他们讲述革命故事，传授做人道理，教给学习的方法。有时还循循善诱，帮助家长劝导不听话的孩子，促其养成良好的行为习惯。清明节时，还协同学校组织学生去革命烈士纪念塔扫墓，与青少年共同祭扫烈士陵墓，参观革命烈士纪念馆，一起接受革命传统教育，缅怀先烈魂，激扬报国情。

愿为社会做出最后的奉献

2007年2月，陆奶奶填写了遗体捐献志愿协议，刚开始家属都很反对，希望采取传统的方式，但最终被老人一一说服。几十年如一日，"奉献"二字早已融入了老人的骨血，所以即使到了生命的最后一刻，这名老党员仍念念不忘要将自己的遗体捐献给医疗单位用于医学解剖，倾力为社会做最后的贡献。

2016年12月，陆奶奶去世了，经过家人一番讨论，最终决定还是遵照老人的遗愿进行遗体捐献。97岁的陆奶奶成为当时宁波市最年长的遗体捐献者。老人完成了自己最后的心愿，面带微笑走完了人生的最后一段路。"我们的生活都是那些革命烈士用鲜血换来的，我觉得现在生活很好，我是革命烈士的后代，这是我理应做的。"陆奶奶铿锵的话语在我们耳边响起。

"零落成泥碾作尘，只有香如故"，虽然她走了，但她的精神不会消逝，她的"香味"将永存人间。

（部分史料源自《慈溪日报》2017年3月24日《97岁的抗日战士 完成最后心愿遗体捐献》http://epaper.cxnews.cn/html/2017-03/24/content_5_7.htm；宁波文明网2011年9月27日 nb.wenming.cn/ddmf/sbhr/2011sbhr_zxtj/20；1109/t20110927_337277.shtml；《浙江老年报》2011年4月15日 https://baike.baidu.com/reference/5569351/9f6fuZ2yHsM78uZDlNTyPKzLzl-wcjj0VfKoHd3dU8fXT-3Vz1HD9N9Hk4ljbKgPO9rTix_DadpXj62G2CtoHTA8WaFE0lBg_M4ygFWcUOV-luFudAkURIwWHy4JTw1m9WeHMcLiTg）

八、"助人为乐，勇于捐献"——崔英雄

崔英雄（1924—2015），男，曾参加过孟良崮战役、辽沈战役、淮海战役等重大战役，2015年曾获宁波好人榜助人为乐类好人。

捐钱做慈善

崔老生前每月靠民政捐助和革命军人补贴生活，尽管这些钱足够维持他的日常生活，可老人从来都不大鱼大肉，也舍不得给自己添置新衣。老人对其他人却很大方，5年前老伴去世以后，崔老住进了敬老院。他是敬老院里有名的"大方人"。平日里，敬老院有谁生病或有难事需要帮助，老人都会拿出四五百元帮他们。每次抗灾捐款，老人总会冲在前面。每年开展的"慈善一日捐"活动，老人也都积极参与。2014年11月，老人还找到敬老院的朱院长，拿出2万元，说要捐给敬老院，用来帮助敬老院里需要帮助的老人。对护理人员，他也常常会买些东西感谢他们。老人生前在朋友的影响下，毅然决然决定去世后捐献积蓄和遗体，老人说："我什么也不留下，遗体也要捐给社会。"2014年，崔老立下遗嘱，要捐掉毕生积蓄，用来帮助需要帮助的人。当时敬老院的朱院长准备以老人的名义设立一个救助基金。

献爱心不犹豫

当了解到崔老有捐献遗体的心愿时，朱院长说，老人说出想法后，他让老人再考虑一下，毕竟老人还有女儿在国外，可老人态度很坚决，"老人说以前存钱是为了养老，现在生活得到政府和很多人的关心，理应做些善事。所以一分钱也不留。"敬老院朱院长也通过当地红十字会，转述了老人遗体捐献的愿望。当地红十字会工作人员来到崔老所在的敬老院，为崔老办理申请捐献器官的手续，老人毫不犹豫地在遗体捐献申请书上签下了自己的名字。2016年老人逝世，尊重逝者生前意愿，崔老的遗体捐献给了宁波卫生职业技术学院用于医学研究。老人生前毫不犹豫在捐献申请书上签字的行为，体现

了他对我国遗体捐献事业的支持，虽然我国遗体捐献进展艰难，但有这一位位提灯前行的人们为我们照亮前方的道路，前路必将更为畅通！

"大体老师"们一点点善意的光亮，会成为另一些人前行的火炬。

（部分史料源自《宁波晚报》2014年12月12日《老军人立遗嘱捐献遗体和毕生积蓄》http://news.cnnb.com.cn/system/2014/12/12/008224814.shtml；浙江文明网2015年11月22日《热心助人，他年过九旬立嘱裸捐》https://zj.zjol.com.cn/news/210534.html）

第五节 其他成员

致敬语：

法国大文学家雨果曾经说过："人有了物质才能生存，人有了理想才谈得上生活。你要了解生存与生活的不同吗？动物生存，而人则生活。"生存只是为了维持和延续生命，美好的生活才能使生命之光得以展现和再造。

有这样一群特殊的人，他们充满理想，他们致力于创造美好的生活，他们生命的光辉将会一直闪耀，永不消逝。

生前他们是在我们身边默默奉献的平凡又普通的人们，而当死亡降临之际，他们却能够坦然面对，战胜恐惧，毅然决然地将自己的遗体捐献给社会。在他们身上可以看到无私和忘我。他们以自我为载体向整个社会传递着大爱，同时扮演着特殊的教师身份，向学生们讲述着生命的永恒。生命如花，他们在尽情绽放后仍选择用自己的花瓣点缀这个世界，肥沃大地的土壤，令人敬佩。在这场生命的接力中，他们用平凡生命最后的光亮，将世界点亮。

余历芳患病之际选择捐献自己的遗体和角膜来拯救更多的人，并多次向红十字的工作人员致谢。

莫国民作为宁波的"献血明星"，善意隐瞒家人，多次献血。总想着去帮助别人的他，这次选择帮助整个社会。

钱通元患癌期间深受身边医务人员的照顾，他希望以自己的遗体来回馈社会，推动医学研究事业的发展。

钟友苗扎根基层，努力为居民服务，每天辛勤劳作，受到他人的尊敬。在他身患恶疾的危急时刻，是宁波这座城市伸出援手，因此，钟友苗决定捐献自己的遗体和眼角膜回报社会。

邱中华生前常用善良、有爱心的实际行动来教育子女，因不忍癌症病人所遭受的痛苦，想要为医疗事业的进步献出自己最后的一份力量。

吴世法这位普通淳朴的老人，心中的想法却不普通，在了解了器官移植后，他希望能为社会医疗事业做更多的贡献。

陈维屏曾参与过人民大会堂设计。他十分关注捐献事业，希望可以在生命的尽头继续为党和人民奉献一切，用自己的方式留在这片土地上。

周志伟爷爷是一位执着的老人，在办理遗体捐献事宜遭到家人反对时，他坚持自己的想法，在弥留之际仍嘱咐家人要帮他完成这桩心愿。

李国君在自己的平凡岗位上散发光和热，在为他人服务的事业中积极出力，独立自主的她在弥留之际还不忘奉献，将自己捐献给了社会。

徐海荣作为家里主要的劳动力，生病后生活困难，在接受了"陌生人"的帮助后，决定用自己的遗体报效社会，他认为若自己的遗体还有用处，也不枉在这个世界走一回。

张先生因成为"专政"的对象而吃了20年的苦头，但他没有放弃热爱生活。生活安定后，他又学习了摄影技术，在享受完生活后他决定了自己的归宿，永远留在这世间。

周先生是一名基层工作者，他对待工作尽心、尽力、尽责，始终坚守岗位，去世后选择为祖国的医疗事业贡献力量。

周伯伯身体的缺陷并没有阻止他迸发超常的能量，他用自己的生命点燃理想信念，用不屈的灵魂在医学事业上添加浓墨重彩的一笔。

卓爷爷是位"五保老人"，但他积极向上，心怀感激，选择把一切留给社会，包括他辛苦积攒的积蓄，以及他去世后的遗体。

沈爷爷生前曾有余姚"蚂蚁大王"的名号，虽然之后的时光不得志，但一生的浮浮沉沉让他更理智地看待生命，性格倔强的他以最美的形式留在了人间。

王先生虽身患重疾，却心系捐献，最终他带着善意离开了这个世界。

热心公益的许女士在患病期间仍念念不忘自己的公益事业，生前她将奉献精神贯彻于每一次的活动中，向周边的人们传递大爱，身后将自己捐献给社会，给他人希望，让爱飞扬。

任氏父子虽然生活艰辛，但没有放弃希望，去世后他们将爱心留在人间，让生命永远延续。

汪先生在感受了社会的温暖之后，希望用自己的身体回报社会，回报帮助自己渡过难关的人们。

吴爷爷一次次失去亲人，却一次次感受到家庭的温暖，最后决定为社会做出贡献，献身医学事业。

张先生在宁波这座城市中幸运地遇见知己，他们的感人事迹让许多人动容。为回馈社会，他决定用最好的方式告别世界。

夏奶奶虽一生坎坷，但受到好心人帮助的她，希望用自己的方法回报社会，她认为人死了身体就是一个空壳，如果能给别人带来帮助，她会很开心。

这些我们身边的平凡人，闪烁出不平凡的光芒，照亮了这个世界，他们已经明白了生命的意义——生命不仅仅是生存，生命历程应该有丰富的内涵。我们每个人都在享受着前人和他人的物质和精神成果，所以我们要做出贡献报答他人，促进社会的进步。在他们身上我们也接受了生命教育，他们让我们重视生命、体会人生，让我们明白生命是宝贵的，生活是多彩的，生命的真正价值在于奉献，正如松下幸之助所说："上天赋予的生命，就是要为人类的繁荣、和平和幸福而奉献。"奉献的人生注定是美妙光彩的，如同春天的细雨、冬日的暖阳，时时刻刻浸润着这个世界，温暖着每个人的心灵。

致敬者：宁波卫生职业技术学院人体生命科学馆副馆长任典寰老师

一、"最美的眼睛"——余历芳

余历芳（1971—2018），女，湖北沙洋人，来甬20余年。

虽患重病，毅然选择捐献

2016年12月初，余历芳突发头痛，来到宁波市第一医院看病，结果竟是脑胶质瘤，当天就做了手术。"这是一种恶性肿瘤，当时医生就跟我说了，肿瘤可能会像韭菜一样，割了又长。"

2017年12月，手术一年后，余历芳再次头痛。来到医院一看，脑胶质瘤复发了。与上次不同的是这次她没有手术机会了，而她的身体也已无法承受化疗。前段时间，余历芳出院过，但在家里她痛得更厉害，于是又回到医院，接受止痛、消炎、消肿等保守治疗。即使是这样，她每小时也会突发三四次头痛，每次持续几分钟到十几分钟不等，有时会连着躯干和四肢一起痛。

2018年1月2日上午10点，余历芳在角膜和遗体捐献志愿书上签下了自己的名字，在办理角膜和遗体捐献手续的半小时时间里，余历芳就头痛了两次。由于虚弱，她要两个人扶着才能写字。"（捐献手续）办好了，我就了了一桩心事了。我做不了大贡献，做点小贡献也好。"余历芳几次向红十字会工作人员致谢。

把眼睛留下，看儿子长大

"你不是不放心儿子吗？你把眼睛留下，就能看着儿子长大了。再说了，你眼睛这么漂亮，又黑又亮。"虞国凭笑着跟妻子说。2018年1月2日，他也办理了捐献手续。他告诉我们，这是10多年前两人刚结婚时就商量好的事。"在老家，有的人对于火葬都不能接受，想尽办法要土葬，我们就说，何必呢，我们以后不光支持火葬，更要在火葬前把能捐的器官都捐了，人走了还能留下点什么救别人，这是多好的事啊。"

夫妻同心，不离不弃

余历芳的不幸让人同情，她的大爱让人敬佩。但让所有亲朋好友和知情人感慨的是她和虞国凭别样的爱情故事。

2018年1月2日上午，在捐献志愿书家属栏签字时，虞国凭有些犹豫，最后还是余历芳坚持让他签的。原来，两人早在2015年下半年离了婚。虽然过去一年两人同吃同住，但在法律上不算是真正的夫妻，而当提及离婚的事，余历芳很后悔："那次我实在太'作'了。"她说，生病前自己在事业上是"拼命三娘"，工作中的强势也被她带到了生活中，一言不合就扬言离婚。虞国凭唯一一次没忍住，回了一句离就离，余历芳就不依不饶硬逼着他离了婚。虽然如此，得知前妻生病后，虞国凭还是一如既往关心前妻，第一时间便赶到了医院，跑前跑后不辞辛劳。一年前的手术后，医生建议做几次化疗，余历芳拒绝了。她担心的是费用，自己没有医保，两个孩子大的17岁，小的11岁，以后教育还需要一大笔钱，她想给孩子们省点钱。虞国凭担心的是效果，他四处打听后了解到，相较其他恶性肿瘤，脑胶质瘤的化疗效果可能不尽如人意。但治疗还得继续，为此他偷偷卖了自己的小房子，筹措了50多万元，给妻子买来了细胞冻干粉、灵芝孢子粉之类贵重的药品、补品。最近两个月，光这些药品、补品费用每个月就要六七万元。而一年里，除了当初卖房子的钱，虞国凭还贴上了自己的几十万元存款。

虽然余历芳"检讨"着自己诸多不是，但虞国凭记得的全是她的好："以前我经常要应酬，喝得醉醺醺回家，她给我擦身换洗，半夜还给我做小馄饨吃。""虽然离了婚，但我还是把她当成自己的妻子、孩子的妈妈，有她在一天，我们的家就是完整的。"病房里，虞国凭动情地说。

小家之间有小爱，奉献社会是大爱。

（部分史料源自浙江新闻2018年1月3日 https://zj.zjol.com.cn/news/841426.html）

二、"献血明星莫国民，大爱精神留人间"——莫国民

莫国民（1954—2017），男，浙江宁波江北人。原宁波建工集团职工，"全国无偿献血奉献奖金奖""最美浙江人""浙江省无偿献血特别贡献奖""浙江省无偿献血之江杯奖"等奖项获得者。

善意隐瞒，献血数次

莫国民在外面献血的事，是 2004 年有电视台上门来采访，他妻子顾夏囡才知道的。刚开始，也不是没有埋怨。顾夏囡说，老莫从小生活清苦，身体并不见得多强壮，她担心献那么多血老莫会扛不住。"这你就不懂了，献血能加快新陈代谢，对身体反倒好。"老莫一副乐天样，总会笑着安慰妻子。

看老莫献血的热情不减，顾夏囡也不再多言，唯一的要求是，每次献血回来都跟她说一声，"好歹多加几个菜，补一补身体"。

老莫是怎么走上献血之路的呢？据顾夏囡回忆，老莫 16 岁的时候，就到了东北做知青，一待就是 12 年。有一次，同事遇车祸需紧急输血，大家都排了队等着献血，结果前面所有人都血型不符，老莫是第一个可以输血的人。在那种半饥半饱的状态下，老莫义无反顾地献血救人，让同事们感动不已。"能为人家做点事，真是挺好的。"这句话，老莫一直挂在嘴上。

从 1997 年开始，老莫共无偿献血 85 次，其中捐献全血 13 次，共献血 3600 毫升；捐献血小板 72 次，共计 74 治疗单位，折算献血量共计 61200 毫升。没有花圈，甚至没有一块墓地，老莫就这样静悄悄地走了。留下的，是一次次献血获得的各项荣誉和证书。

这些东西，顾夏囡都细心地保管在牛皮袋里。在这些证书中，我们看到了卫生部、中国红十字会总会、中国人民解放军总后勤部卫生部颁发的 2001 年至 2003 年、2006 年至 2007 年"全国无偿献血奉献奖金奖"；浙江省政府颁发的"浙江省无偿献血之江杯奖"和"特别贡献奖"；浙江省卫生厅、浙江省红十字会颁发的"浙江省无偿献血促进奖"；2009 年由宁波市政府颁发的"宁

波慈善奖个人奖"……

遭遇生活重压，一家人选择坚强

从江北庄桥应嘉丽园到白沙菜场，这段半小时的路程，顾夏囡每天早晨5：30骑着电瓶车已丈量了无数遍。从宁波海运的修理厂退休后，她一直坚持工作，为的就是能多挣一点钱，改善一下家庭经济条件。2007年，她在白沙菜场当起了"菜篮子商品质量安全检测室"的检验人员，她每月能领2000元左右的工资。2008年，儿子小莫要结婚，老莫夫妇将桃源社区的老房子装修成婚房，留给了儿子，老两口在外租房。2014年，以小莫的名义申请到了一套71平方米的经济适用房，全家人高兴地赶紧拼凑了30万元将房子买下。原以为美好的生活就此开始，但天不遂人愿。2017年2月的一次体检中，儿子莫佳磊被查出患有甲状腺癌。他之前一直在海曙城管局担任协管员，患病之后不得不住院手术，回家休养。为了省下每天200元的护工费用，老莫都是晚上自己去陪儿子。但这样的陪伴也只维持了一个月，3月，老莫被查出胰腺癌，也倒下了。"父子俩同时住院，打击很大。"回忆起这段日子，顾夏囡的眼眶湿润了。在医保之外，家里拿不出更多的钱来支撑个人自付部分。这个坚强的女人硬着头皮向三个姐姐借钱，凑足了5万元医疗费。

如今，没了老莫，顾夏囡与儿子、儿媳和一对5岁的双胞胎孙子相依为命。小莫每两个月要去医院做一次检查，虽然病情有所控制，但仍需好好休养，不能干体力活。顾夏囡的3200元退休金和再就业工资，是全家的主要经济来源。以前在家带孩子的儿媳，也不得不外出打工，每月3000元左右的工资刚够两个孩子读幼儿园和吃穿的费用。

"妈妈，等身体好些了，我就出去找份工作，你别那么辛苦了。"看顾夏囡每次都趁午休时回家准备一家几口的饭菜，小莫很过意不去。但每次他这样讲，妈妈都说："你先养好身体吧，日子还那么长，我们总能挺过去的……"

老莫去世后，顾阿姨只能通过他生前的照片和众多的献血证书回忆老伴。

这一家的故事让人感动钦佩

"认识老莫 16 年了，他的性格一直没变过，很有爱心，也很执着，老想着去帮助别人。"宁波市献血办宣传科的工作人员庄立在 2001 年左右的一次志愿者活动中与莫国民认识。庄立说，从献血量来说，老莫可以排到宁波市前列。更叫人钦佩的是，他不仅能 10 余年坚持无偿献血，更能看淡生死，完成遗体捐献，"他可谓奉献出全部身心"。

老莫住院的时候，宁波市献血办公室的领导班子专程去医院看望。老莫和家人没有提出任何要求，反倒一直向来客表示感谢。"老莫一家都是朴实的人。"江北区红十字会办公室的王卿巍是遗体捐献项目的工作人员。老莫夫妻俩都签下遗体捐献申请登记表，这在江北区乃至整个宁波市，都是罕见的。尽管家庭经济条件不宽裕，但老莫一家至今未向他们主动寻求帮助。王卿巍说，他们目前正在收集老莫的照片和相关资料，用于大同公墓宁波市遗体捐献纪念墙的制作。以后，老莫将与 100 余位宁波的遗体捐献者一起在此安息。

而老莫一家的故事在社区被"曝光"，是在莫国民离世后的第二天，当时顾夏囡去江北区白沙街道桃源社区居委会为老伴办理社保终止手续。社区党委书记乐依萍打算上门慰问，却被顾夏囡婉拒了，"我们没做坟，也不设灵堂，根据老莫的心愿，已经遗体捐献了……"老莫一家人的朴实自强，让乐依萍既敬佩又心疼。这个经济并不宽裕的家庭，连番遭遇老莫离世和小莫患病的打击，现在就靠顾夏囡和儿媳两个女人支撑着一家五口的生活。但纵使荣誉满屋，他们也从未因此来向社区倾诉和求助过。

8 月 4 日，一位居民递给乐依萍一封匿名信，信里夹着 2000 元现金，说一定要交到老莫家人手里。"莫国民在世时，我们是认识的。他是献血英雄，但过早去世，我们都很悲痛。"信里说，他们特意请社区转交这 2000 元，但不要透露是谁捐的。

在老莫离世前后，江北区委区政府、江北区红十字会、宁波市献血办公室、老莫生前工作过的宁波建工集团、居住过的桃源社区，都分别对老莫及其家人进行了慰问，并送上了 1000 元到 5000 元不等的慰问金。"献血是我们自愿的，这本就是无偿的，怎么能索取回报呢？"顾夏囡说，老莫一生都很要强，自己有困难不会去跟别人讲，国家已经给了我们那么多荣誉，这就是最大的认可。尽管老莫离开了，但他的血液还流淌在别人的身上，他的角膜也将让别人重获光明，这让她感觉很温暖，"好像老莫并没有真的离开，只是活成了另一个模样"。

2017 年 7 月 27 日晚上 11 时 14 分，63 岁的莫国民因胰腺癌去世，按照他在 2008 年签订的遗体（角膜）捐献申请登记表的约定，老莫捐出了自己的遗体和一对眼角膜。7 月 28 日凌晨 2 时 10 分，宁波市眼科医院的彭显耀医生成功取下了老莫的眼角膜。在家人的简单告别后，老莫的遗体被运往宁波卫生职业技术学院。

（部分史料源自浙江新闻 http://zjnews.zjol.com.cn/zjnews/nbnews/201708/t20170814_4794538.shtml）

三、"尽己之力，照亮医学研究的前路"——钱通元

钱通元（1959—2017），男，浙江宁波镇海人。镇海区第五例遗体捐献者，2017 年 7 月区级月度"文明之星"。

最后的死亡和最初的诞生一样，都是人生必然；最后的晚霞和最初的晨曦一样，都是光照人间。镇海又现一位遗体捐献者，来自澥浦镇余严村的村民钱通元默默地用生命尽头的最后一点光芒，照亮医学研究的前路！

以微薄之力，助力医学事业的发展

2017 年 4 月，镇海区红十字会工作人员接到宁波市第七医院肠胃科护士的消息，在病房住院的 58 岁病人钱通元有捐献遗体的意愿。区红十字会工

作人员第一时间来到医院，为钱通元办理了遗体捐献登记手续。

对于为何会有捐献遗体的想法，当时，钱通元告诉区红十字会工作人员，他一辈子未婚，靠着家人和身边人的帮助，生活还可以。尤其是生病后，医生、护士还有其他病人家属都对他非常照顾，这让他觉得应该做一些事情回馈社会。

偶然的机会，他了解到了器官和遗体捐献，他想把自己的遗体捐献出去，供医学研究，用自己的微薄之力助力医学事业的发展。

据宁波市第七医院肠胃科护士长回忆，钱通元非常朴实，最大的特点是"能忍"。癌症病人会遭遇很多常人难以想象的病痛，但是每次化疗，钱通元都不喊疼。不仅如此，他还经常安慰周边的病友，鼓励大家一起努力，战胜癌症。

钱通元的弟弟说，他之前从未想到哥哥会有这样的想法，但当哥哥提出后，他也认为这是件好事，他非常支持哥哥的决定。"哥哥虽然走了，但是能帮助到别人，很值得。"弟弟说。

2017年7月8日，钱通元因胆囊癌去世，根据本人遗愿，他的遗体被捐献。7月12日，澥浦镇余严村村民钱通元的弟弟接到宁波卫生职业技术学院的通知，钱通元的遗体已被接收。

这些平凡又不平凡的人，用自己的行动，为医学研究事业和医疗救治工作贡献了自己的力量！

（部分史料源自文明镇海2017年7月17日 https://www.sohu.com/a/157956605_674425）

四、"把光明留给别人"——钟友苗

钟友苗（1949—2017），男，浙江宁波鄞州人，原百丈街道华严社区环卫工人，2013年获评"最美宁波人"，2018年入选"中国好人榜"。

扎根基层，任劳任怨

钟友苗，结识了在社区做清洁工的何小琴后，两人结婚，为了分担妻子的压力，他毅然放弃了自己的老本行，成为一名上虞的保洁员。夫妻俩在宁波鄞州区华严社区，工作了整整30年。他们每天早出晚归，风雨无阻，365天坚守在环卫第一线。一个小区、18条道路、9个楼道、3000多级台阶，是两夫妻交出的保洁清单。刚接手的时候，是最苦的时候。1996年至1997年，金鹰小区刚刚建好，居民先后开始在家中装修。一天下来，被废弃的砖头、水泥、木板块堆得跟小山一样。夫妻俩每天从凌晨三点开始干，一扫帚一扫帚地将装修垃圾汇聚到一起，再像愚公移山般，一点点地把垃圾运到位于灵桥畔的中转站。钟友苗回忆，那时候的金鹰小区很小，道路很窄，垃圾车在很多小弄堂里根本派不上用场。见到重的垃圾夫妻俩就用手搬，用手推车拉，一天下来能用废好几双手套，手被划出几道血口子也是常有的事。

钟友苗夫妇每天的工作流程：凌晨3点半从家出发，打扫小区马路，清理楼道垃圾，并把所有垃圾运到中转站处理；7点吃早饭；8点检查小区卫生，清理新出现的垃圾；晚上6点回家。在完成垃圾清扫的工作后，钟友苗就会拿着一只小桶和一把刷子清除小广告，黏性大的用指甲抠，带颜色的用石灰刷，有时小广告实在太多，何小琴便上前帮忙，久而久之，通过夫妻俩的努力，小区里再也没有出现过贴小广告的人了。夫妻俩任劳任怨的行为感动着社区里的居民，也感动着社会。后来小区硬件条件好多了，物业公司也给配发了更得力的保洁三轮车，但夫妻俩干活的认真劲却一点不减当年。在社区干久了，居民们都把钟友苗、何小琴当作自家人。白天打扫街道的时候，每每有居民经过，都热情地跟钟友苗打招呼，更有不少居民停下脚步和他聊几句，仿佛是自家的亲戚。钟友苗说："大家对我都可好了，干活的时候常有人会边说'辛苦了，辛苦了'边往我手里塞东西，也有人悄悄把毛毯、水果、米、油、香烟和衣服等日用品放我家门口，谁送的都不知道。"这浓浓的爱化成了夫妻俩努力为居民服务的信念，也坚定了他们就此扎根的决心。

钟友苗生前工作过的金鹰小区，小区路面十分整洁，扫视一圈，看不见一个烟头、一张废纸。居民王邬菊卿老人说，虽然钟友苗去世了，但是他的妻子何小琴却依旧每天准时打扫着小区的每一个角落，一天都没落下过。"正是因为这两夫妻30多年的默默付出，才让我们这个老小区如此整洁有活力。"华严社区党委书记王凌感叹道。金鹰小区连续3年物业费收缴率达到100%，与老钟和何小琴的辛勤付出也有着直接关系。

用他们的爱让每一个人感受到温暖

钟友苗夫妇喜欢干许多"份外"的活。2013年1月3日晚上下了一场大雪，社区书记王凌第二天一早准备召集社工扫雪。一到金鹰小区，社工们发现街巷两边、居民楼前的积雪已经被清理干净。原来，为了不耽误居民出行，减少雪天事故的发生，钟友苗夫妇凌晨两点就开始出门扫雪。那时大片大片的雪花不断地从天而降，地上的冰硬得用扫把怎么扫都扫不动。夫妻两人一个铲雪，一个在旁清理，裤腿被雪打湿，内衣被汗浸湿，可是谁都没有顾得上。

夫妇干活很细，想得总比别人周到。打扫楼道时，何小琴要先爬到楼顶，一个台阶一个台阶地扫灰，完了还要拿抹布擦一遍扶手。"老人上下楼总要搭把手，擦干净了，让他们扶得放心"，为此，清洁一个楼道至少要花30分钟。

小区居民朱信祥，他对钟友苗的热心肠那是夸了又夸。彩虹南路58弄26号至40号墙门是两幢相望的七层高楼，96户居民进出都从二楼平台上过。二楼平台两边高中间低，每逢下雨水就积在平台中央出不去，影响居民出行，到了夏天，平台更成了蚊虫的聚居地。朱信祥多次叫管道疏通队处理也解决不了根本问题。钟友苗得知这一情况后，主动揽活，与妻子一道把人家装修多出的砖头、水泥、砂石挑上平台，又自己动手把低洼处垫高并浇筑平整。从此96户居民彻底告别了二楼平台的水患之苦。台风"菲特"期间，小区积水没过膝盖，租住在12号楼的张奶奶犯愁了。屋子里没有卫生间，她平时大小便用痰盂，再倒到公厕。虽然只有几十米距离，但已 90 岁高龄的她在积水中寸步难行。钟友苗夫妇知道后，天天准时出现在张奶奶家门口，帮她倒痰盂。"多亏了扫地的夫妻俩，每天早晚帮我倒，也不嫌脏。"一回想起这事，张奶奶眼角便忍不住闪起泪光。让居民们难忘的还有夫妻俩通化粪池的事。老小区管道设施损坏严重，化粪池多次出现堵塞现象。每次管道堵塞，路面便污水横流、臭气熏天。钟友苗夫妇经常亲自下到化粪池清理。肩膀顶住洞口，整个手伸到池里，再用自制工具清理堵塞的垃圾，一次疏通下来，肩膀、脑袋都沾上了大便。有人要按雇专业师傅的费用给他们钱，但都被一一回绝了。

凭借一手精湛的水泥工手艺，钟友苗不知还为小区办了多少好事。从花坛边被压坏的侧石，到小店前经常绊倒行人的台阶，再到小区里被车辆压碎的路面，每一处都被钟师傅的巧手修补得妥妥帖帖。他们说："这里就跟我家一样，这个小区的居民都是我的家人，为家人多做点事，我怎么能不开心？"一句句朴实的话语、一次次实际的行动让他们成了这个社会的"平凡英雄"，过着平凡的人生却做着不平凡的事。在金鹰小区，居民们都认识钟友苗，只要需要他帮助，他从不推脱。2013 年，钟友苗被评为"最美宁波人"。

永存善心，温暖一城

2015 年底，令很多人意外的消息传来，钟友苗被确诊患了鼻咽癌，初期手术费就达 10 万元。突如其来的噩耗让大家都难以接受这个事实。昂贵的医药费再加上化疗的痛苦，让钟友苗一度准备放弃治疗。宁波是个充满爱心的城市，小区居民知道情况后，为他发起了捐款，在了解到钟友苗的事迹后，社会各界也纷纷伸出援手，捐款捐物。短短几天内，社会各界捐款超过了 5 万元。赠人玫瑰，手有余香，夫妇俩的任劳任怨、认真负责，换来了宁波这座城市的温暖。出院后，钟友苗仍旧在小区里打扫卫生，街坊邻居都劝他回家休息，他也不听。社区书记说，"你少干点，力所能及就好，工资一分不少"。但闲不住的钟友苗依然坚守岗位，他说，自己只要还有一点力气，就要呵护好这个"家"。

人虽逝去，爱仍延续

2017年10月，钟友苗的病情恶化，深知时日不多的他，希望捐献自己的遗体和角膜。"他知道癌症带来的是什么样的痛苦。"钟友苗的妻子何小琴红着眼眶说，"友苗希望捐献自己的眼角膜，让眼睛不好的人能够重见光明，让别人的生活过得幸福点。这么长时间来，我们得到了许多人的帮助。现在，他走了，别人因他的帮助可以看到光明了，这样友苗也会很开心的。""爸爸在小区生活30多年了，早已经把宁波当成了自己的第二家乡，他也受到过不少爱心人士的帮助。"钟友苗的儿子钟勇说，"爸爸在生病的日子里说要捐献遗体和角膜，用这样的方式回报社会，让自己的角膜帮助别人恢复光明，捐献遗体用于医学教学。"在家人的帮助下，他联系上了宁波市眼科医院红十字眼库和宁波市卫生职业技术学院，详细了解了捐献流程，得知角膜能帮助至少两位盲症患者，钟友苗非常欣慰。

2017年10月27日下午，宁波市眼科医院的医生前往钟友苗家评估角膜质量。这是一间车棚屋，室内光线昏暗，用"家徒四壁"形容一点都不为过，没有一件像样的家具，唯一的电器就是一台老旧的电视机。中午吃剩下的饭菜，述说着他们平时不高的生活质量。但是让医生惊讶的是，在狭小的空间里，堆满了各种各样的工具。何小琴说，小区里修修补补都需要用到这些工具，这是老钟的宝贝，不能动它。虽然钟友苗已经昏昏沉沉睡了好几天，但听到医生说"角膜质量很好时"，嘴角还是微微地抽动了一下，仿佛担心了好久的事情终于可以放心了。

逝者安息，光热永存

2017年10月28日上午，钟友苗安详地离开了这个世界。医生小心地取下他的一对角膜，并轻柔地扶闭双眼，生怕吵醒他。随后，宁波卫生职业技术学院的老师也在对他的遗体做了防腐处理后，送到了学校。钟友苗的遗体，将会帮助 6300 余名未来的医生、护士……

有不少居民自发来到钟友苗家中悼念。87 岁的邬菊卿说，这么多年来，小区的清洁离不开钟友苗的无私奉献。30 年来，他过年没回过一次上虞老家，总是把社区打扫得干干净净。社区谁家找他帮忙，他都会去帮，"我老伴疗养回来后，痛风发作，路也不能走了。钟友苗得知后，二话没说就帮我把老伴背上了楼"。

这对夫妇的勤劳、敬业，赢得了所有人的尊重。这位普通的环卫工人将自己奉献给了 20 多条小区道路、18 个楼道以及这个世界。

（部分史料源自《现代金报》2017 年 10 月 29 日《"最美宁波人"患病去世捐遗体，角膜将助两人复明》https://zj.zjol.com.cn/news/787908.html；甬派客户端 2017 年 10 月 29 日《"最美宁波人"老钟走了，他要捐献遗体和眼角膜》news.cnnb.com.cn/system/2017/10/28/008693643.shtml；中国好人网 2018 年 2 月 10 日《环卫工患病去世捐献遗体》http://www.chinahaoren.cn/Articlebody-detail-id-46859.html；央广网 2017 年 11 月 6 日《宁波最美保洁员去世，他的角膜让两个人恢复了光明》news.cnr.cn/native/city/20171106/t20171106_524014397.shtml；新浪新闻 2017 年 12 月 14 日《乐于助人的"最美宁波人"钟友苗上榜"浙江好人榜"》https://news.chengshiluntan.com/1090-10131482108594472487.html；浙江新闻客户端 2017 年 10 月 31 日《"宁波好人"保洁员老钟离世，他要把"光明"留给别人》https://zj.zjol.com.cn/news/790260.html）

五、"江北区捐献成功的第一人"——邱中华

邱中华（1953—2015），男，浙江宁波人，江北区第一例成功捐献遗体的志愿者。

将善良传承给女儿

2018 年 7 月，邱中华老人归葬联合老公墓。5 日，他的女儿邱丽霞和家人第一次在清明节来祭奠他。在父亲墓前，女儿追忆起父亲生前往事。在邱丽霞的印象中，父亲一直是用自己的实际行动来教育她的，让她成为一个善良、有爱心的人，哪怕是到生命的尽头。20 年前的事，在邱丽霞的记忆中好像就发生在昨天。当时就读于宁波幼儿师范学校的她，通过自己的努力，拿到了 200 元奖学金，但父亲却让她捐给当时宁波邵逸夫艺术幼儿师范学校结对的贫困山区小学。通过父亲耳濡目染的教育，她也以自己的行动诠释了爱的力量、美的行为。

希望自己的遗体可以帮助医学发展

2012 年，邱中华老人从渔业系统退休后，突然被查出患有肺癌，老人没有放弃治疗。2015 年，一次偶然的机会，他通过电视广播等媒体以及区红十字会的宣传，了解到人去世后可以将遗体捐献出来用于医学研究。想到自己不幸得了这种病，而医学界还没有研究出有效的治疗方法，他深知肺癌病人所要遭受的痛苦，于是便萌生了去世后捐献自己遗体为医学事业做点贡献的想法，以减少那些和他患有同样疾病的病友的病痛折磨。听到这个消息，家人们很是震惊，但也给予了理解和支持。

江北区红十字会在接到他们的申请后，经过多次沟通，2015 年 5 月 11 日专程上门为老人办理了遗体捐献登记手续。2015 年 5 月 19 日 19 时，饱受癌症病痛折磨的邱中华老人安详地闭上了眼睛，走完了他 62 年的人生历程。其家人立即联系了宁波卫生职业技术学院，老人的遗体被送到宁波卫生职业技术学院用于医学教学研究，实现了老人生前为祖国医学事业做最后贡献的愿望，成为江北区捐献成功的第一人。没有什么比奉献生命更值得人尊敬。

（部分史料源自宁波广电网 2019 年 4 月 6 日《清明·忆音容：父亲的"最后一课"》www.cloud.nbtv.cn/nbtv/xwdsg/nb/30144366.shtml；"江北发布"2015

年 5 月 29 日《邱中华老人成为江北区首例遗体捐献者》https://mp.weixin.qq.com/s/n0ZxsEK-FlxNBts5NkUMGQ）

六、"离开世界，留下希望"——吴世法

吴世法（1929—2014），男，浙江宁波宁海人，享年 85 岁。逝世后遗体捐献给宁波卫生职业技术学院。

热爱自己，热爱生活

吴世法老人是黄坛镇金家岙人，之前身体一直很健康。晚年住在黄坛镇敬老院，敬老院的生活是平平淡淡的，但老人很热爱生活，他平时有空喜欢看看书、看看新闻了解一些国家大事，使自己不和外界脱节。老人为人很热心，乐于帮助身边的人，性格也十分积极开朗，安度着自己平凡又幸福的晚年生活。

无偿捐献遗体用于科研

2010 年初，老人经过深思熟虑，希望自己离世后可以将身体器官捐献给需要帮助的人，为医疗事业做些贡献。这位普通淳朴的老人，心中的想法却不普通。2010 年 11 月 26 日，他独自到宁波市红十字会遗体接收站办理了志愿捐献遗体手续。似乎这件事只是他生命中的一件小事，起初并没有告诉家人，过了一段时间才慢慢告诉家人和亲戚朋友。他们先是惊讶，后来也慢慢理解和尊重了老人的选择。

2014 年，宁海县黄坛镇 85 岁的吴世法老人走完了人生最后的旅程，安详去世了，按照老人的生前要求，家人们将他的遗体送往宁波市红十字会殡仪馆进行冷冻，后送往宁波卫生职业技术学院用于医学研究。

吴世法老人离开了这个世界，但留下了最后最宝贵的一点温暖。我们将谨记他的付出，将温暖永远传扬下去。

（部分史料源自中国宁波网 2014 年 2 月 5 日《宁海一位 85 岁老人无偿捐献遗体用于科研》http://news.cnnb.com.cn/system/2014/02/05/007978902.shtml）

七、"曾参加过毛主席纪念堂设计"——陈维屏

陈维屏（1933—2011），男，浙江宁波北仑人，北仑第二位遗体捐献者。曾参加过毛主席纪念堂设计，一生有十几项发明专利，名字被刻录在宁波市遗体捐献纪念陵园纪念碑上。

参加过毛主席纪念堂设计

陈维屏出生于 1933 年 12 月 2 日，早期在上海交通电器厂工作，后响应国家号召支援东北建设，先后就职于黑龙江第一重型机械厂、沈阳黎明机械厂（沈飞集团飞机发动机制造厂）。20 世纪 60 年代调入北京汽车制造厂，1981 年叶落归根调回宁波市港务局北仑港埠公司工作。曾参加过倪志福钻头的研究、教学和推广；参加了毛主席纪念堂设计，发明国内第一款墙用壁纸用于毛主席纪念堂室内装饰；改造北仑港作业系统用于化肥转运，使北仑港提前三年开港。在所有工作过的单位他都是技术骨干，参与的技术研发、设备改造不计其数。晚年还修撰了北仑陈氏慎德堂家谱。一生有十几项发明专利。他生前喜欢看书读报，也非常关注遗体捐献事业，希望走完人生的最后一步——遗体捐献！

北仑第二位遗体捐献者

他曾几次致电北仑区红十字会询问相关事宜，2011 年 8 月 22 日，他向宁波天一职业技术学院（现宁波卫生职业技术学院）遗体接收站递交了《遗体捐献申请登记表》。2011 年 11 月，陈维屏走完了他的人生之路，按照他的生前遗愿，家人帮助他完成了遗体捐献，成为北仑第二位遗体捐献者，将

生命和大爱继续延续下去。2012 年 2 月，北仑区红十字会工作人员陪同老人的家属前往镇海九龙湖，老人的名字将被刻入宁波市遗体捐献纪念陵园纪念碑。

（部分史料源自北仑新闻网 2012 年 2 月 13 日）

八、"遗体捐献者家属寄哀思不再难"——周志伟

周志伟（1936—2007），男，浙江宁波人，共产党员。

开明老人坚持捐遗体

周志伟是一名老党员，早在 10 多年前，社会上刚开始有树葬时，老人就提出也要树葬。2006 年初，周志伟在报上看到有人去世前捐献遗体和器官，就跟老伴张阿姨商量说他也要捐献。2006 年 2 月，老人不幸患了癌症，想到时日不多，就提出要捐献遗体。9 月，他干脆一个人跑到宁波市红十字会登记捐献。可捐献要家属签字，周志伟先要张阿姨签字，老人的大儿子没反对，但劝说只捐献器官，被老人一口回绝。老人有点发火了，执拗地说，到时骨灰也不要。没有办法，最后，家属都在上面签了字。2007 年 1 月，老人病情恶化，再次住院。过了一段时间，大概知道自己快不行了，老人嘱咐家人一定要帮他了却这桩心愿，并坚持要待在医院里，说在医院里捐献，接收单位接收时方便。

何处寄托哀思犯了难

2007 年 3 月 1 日，老人走了，家属遵照他生前的意愿，捐献了老人的遗体。老伴走了，撇下张阿姨孤身一人。在金地小区的家里，张阿姨把老伴的灵位和遗像放在了客厅。张阿姨还沉浸在悲痛之中，但她说自己一点也不后悔，因为帮老伴了却了心愿，而且亲戚朋友也都说，老人选择这样走，很有

意义。可如今，家里连说话的人也没有，张阿姨说，自己真的很想老伴，也知道老伴永远不会回来了。清明节到了，人家都到坟头祭扫，可自己的老伴没有坟，也没有骨灰，她能到哪里去寄托对老伴的哀思呢？

捐献者纪念碑竣工

对此，宁波市民政局有关负责人表示，他们已考虑到了张阿姨的心情。在镇海区大同公墓里，宁波市遗体捐献纪念陵园里将建一座高约 6 米、长 2 米、宽 2 米的纪念碑。在纪念碑两侧，各建一座高约 2.5 米、长 8 米、宽 1 米的小纪念碑，正面刻遗体捐献者铭文，背面刻部分器官捐献者铭文。宁波市红十字会有关负责人表示，张阿姨只要凭捐献证，就可以办理"落户"纪念陵园的手续。捐献者家人都可以去在建的陵园看看，到时都可以办理入园手续。

素不相识者也会来献花

当今社会，已有越来越多的人，将感激和敬仰献给这些无私的遗体捐献者。不少前来扫墓的市民在为自己的亲人扫墓完毕后，也会特地来到这座专门纪念遗体捐献者的墓碑前瞻仰许久，献上鲜花。在宁波，记者随机采访了不少市民，一位市民的话也许道出了人们的心声："在清明节，我深深怀念并感激的不仅是我的祖辈和亲人，还包括所有为这个社会做出贡献的人。"

（部分史料源自《今日早报》2007 年 4 月 5 日 http://jrzb.zjol.com.cn/html/2007-04/05/content_2407760.htm）

九、"仗义执言，热诚为人"——李国君

李国君（1960—2019），女，浙江宁波人，享年 59 岁，原宁波市兴光燃气公司职工。

兢兢业业于平凡岗位

李奶奶是宁波兴光燃气有限公司的职工，主要从事离家近的白鹤站瓶装工作，工作上李奶奶兢兢业业。虽然李奶奶只有1.5米小小的身躯，好在身体健康，力气大，是干活能手，所以在单位里经常被评为先进员工。

诚诚恳恳为他人服务

当遇到一些老人来拿煤气瓶，李奶奶都会帮别人把煤气瓶抬上自行车。在客户群体中有非常好的为民服务的口碑。在日常生活中，李奶奶也是一个非常善良、很有爱心的人，很多时候自己吃亏也要去救济帮助别人，所以无论是单位内还是单位外，李国君人缘都特别好。

仗义执言，一身正气

李奶奶除了热心、善良、能干之外，在她身上还有一种高贵品质就是路见不平的凛然正气与刚正不阿。生活中遇见邻居、同事有不平事，她都会仗义执言，积极帮助，并提供良言善策。单位如果有一些地方不是很周全，也会向领导提出意见与建议，维护广大职工的利益。

独立自主，逝后捐献遗体

李奶奶自己又是一个独立自主不想给别人添麻烦的人。爱人早逝，其患病期间搬家不想麻烦亲戚，就自己一个人乘公交车像蚂蚁搬家一样把东西搬到了新家。在生命的最后时间里，也是拖着虚弱的身体自己挪步，不让亲戚扶助。弥留之际也不忘奉献，再三叮嘱自己的哥哥一定要把自己的遗体捐献出去。

李奶奶在2019年因为胰腺癌不幸去世，在去世后无私地把自己的遗体捐献了出去，为我们国家医学教育贡献出了一份力量。我们拜访了李奶奶的哥哥，通过与李爷爷的交谈，更加清楚地了解到李奶奶的为人。

（以上事迹由宁波卫生职业技术学院"生命之花"遗体捐献志愿服务队采访所得）

十、"回报一座城市的温暖"——徐海荣

徐海荣（1975—2014），男，浙江金华人，享年 39 岁。

因患恶疾，家庭失去顶梁柱

2014 年徐海荣去世时年仅 39 岁。在金华兰溪农村，他是家中主要的劳动力，身体一直不错，除了忙农活之外，农闲季节也在慈溪、金华等地的建筑工地上打工，一个月收入 3000 元上下。收入不算很高，但是在当时当地的农村算是一笔不小的收入，也算一个能人了。他有一个 4 岁的儿子，在妻子离开家之前，他的家庭是完整的。

2012 年 9 月，他无意间发现自己脖子上有个不小的肿块，按上去还有点疼。到当地卫生院检查，医生说是发炎，又打针又吃药，治了好多天不见好转。到金华市区的医院治疗，还是没效果，脖子越来越疼。当年春节后，到杭州的某家医院一检查，居然是鼻咽癌中晚期。这对任何一个家庭来说，都是一个极大的打击。高昂的治疗费用不到半年就耗光了他所有的积蓄，由于生活贫困，妻子也离开了他。接下来的大半年，他没有得到很好的治疗，只是吃一些土方、偏方。2013 年 11 月，因为癌细胞扩散，腰、脚、脖子都钻心地疼，徐海荣实在扛不住了，无钱治病的他不想在家等死，他哭着对哥哥徐海云说，自己还想去治病。备受癌痛折磨的日子，他最担心的还是自己的孩子，看到大哥大嫂为债务吵得不可开交，他心如刀割。

之后他经人介绍住进了宁波解放军第 113 医院，经过两个月化疗，疼痛感减轻了不少，但因为治疗欠下了债，徐海荣就张罗着出院。徐海荣留给医生护士们最深刻的印象，是不想欠债。第一期治疗结束后，医务人员想帮他

争取把欠下的几千元治疗费免了，但他说要回家去筹钱，过完年再来继续治疗，不想欠钱。

回家后，徐海荣就在卫生院输液治疗。一直到 2014 年 5 月下旬，他的病情急速恶化，浑身疼痛，脖子肿起馒头大的包，不得已又回到解放军第 113 医院。医生检查后认为，他随时可能有生命危险，基本无法医治了。长期的疼痛早已让这个汉子看淡了生死，知道这个结果，徐海荣无可奈何，只能消极等待着死亡的随时召唤。在生病的一年多时间里，他没有任何收入，先后在金华、杭州、宁波等地看病，尽管非常节省，也花去了 10 多万元，其中七八万是向小学同学借来的。年幼的儿子和这笔债是徐海荣那时候最大的牵挂。

下决心捐献遗体，报效社会

2014 年 5 月，徐海荣第二次来到宁波看病，病房来了一位陌生的好心人罗女士，罗女士是当时宁波狮子会星梦服务队的负责人。徐海荣小学同学得知他在宁波住院以后向罗女士发出了求助，罗女士不仅在第一时间到医院向他的主治医师了解病情，以最快的速度帮助他支付了当时欠下的 2 万多医疗费用，还请她的公益伙伴金华市的师兄帮忙，开车把徐海荣的父母接来医院照顾他，并教会他们到当地去报销医药费的方法。

在接受了罗女士的帮助，取得了稳定的治疗后，徐海荣萌发了捐献遗体的想法。"欠的债，我这辈子没法还了，欠的人情，总得想办法还啊。"徐海荣想到的"还人情"的唯一办法就是捐献遗体，"这几年一直忙着治病，现在肿瘤已经遍布全身。我总在想，等我死了，遗体烧掉了不如全捐了，用来做研究，没准别人就能少受点我这种苦……"这是徐海荣在被癌痛折磨两年多以后发自内心的想法。罗女士了解此事后，积极和红十字会成员联系，帮助他完成了捐献遗体的心愿。

当媒体要采访罗女士的时候，罗女士拒绝了，她请求媒体对徐海荣愿意捐助遗体来回报社会的事迹进行报道。

陌生人纷纷伸出援手

此事被报道后，不少爱心人士也来到医院探望他。有一天，一位满头白发的老大爷找到了徐海荣的病房。五官科护士长许平平回忆说，老人家裤子打着补丁，身穿一件白色旧衬衫，左腋下面破了个洞，这位大爷走到徐海荣的床前，说自己已经84岁了，为了鼓励他，特地赶过来，他希望徐海荣继续坚强。随后，这位老大爷撩起衬衫，摸出一个旧套袖做成的"钱包"，用布满皱纹的手微微颤抖地解开，将里面的2000元钱塞进徐海荣手里，不容拒绝。大家让老大爷留下姓名和电话，但他不肯："帮把手是应该的，我虽然苦点，但能赚钱，这点事，不值得一提。"说完，慢慢悠悠地走出了病房。一位20来岁的姑娘也来看望徐海荣，她捐出了1000元，对于刚工作的她，这是一个月的生活费，徐海荣不肯收，她说："以己之力帮助别人，是件幸福的事。"还有一位开公司的先生，因抽不开身，嘱咐司机务必把2万元捐款送给徐海荣，徐海荣问司机的联系方式，对方只说让他好好养病，便头也不回地走了。还有爱心人士悄悄将钱存入徐海荣的账户；有人将爱心款留在护士台拜托转交……徐海荣说，两天时间已经收到近4万元的捐款，捐款的好心人中，没有一人留下姓名和电话。"我既不是他们的亲戚，也不是他们的朋友，他们却帮我这么多。我感激不尽。"徐海荣感叹道。

弥留之际，徐海荣的担忧，除了外债，就是自己5岁大的儿子鑫鑫。孩子未来该怎么办，成为压在他心头的一块石头。这时，一位姓谢的阿姨找到他，看到这一家的情况，谢阿姨说："好好养病，孩子的生活费我可以按月转来……"谢阿姨的话铿锵有力，击中徐海荣心中最柔软的地方。还有一位不愿透露姓名的好心人要护士转告徐海荣，他愿意资助鑫鑫的生活费和学习费用，并会与他联系。40岁出头的郑女士，赶到医院时满脸汗珠，她告诉徐海荣，家里是开公司的，家里有一个十来岁的孩子，这次和先生商量了一下，决定收养鑫鑫，让两个孩子相互有个伴。但经过大家多日的商议，徐海荣最终决定由父母和哥哥抚养儿子鑫鑫，罗大姐等众多爱心人士会出钱出力，共同帮忙抚养鑫鑫长大成才。

临终关怀，让他有尊严地离去

癌症的转移使徐海荣每隔几分钟就要换一个姿势。2014 年 7 月 14 日中午 12 点，两名大学生义工来到徐海荣的病房，为他按摩、打扫卫生，帮助他缓解病痛。宁波卫生职业技术学院的临终关怀团队，运用专业的知识和积极乐观的心态让家属们更安心，并帮助徐海荣老师舒缓紧张焦虑的情绪。在徐海荣病重时期，罗女士想尽一切办法将徐海荣的家人们接来宁波，陪徐海荣先生走完了人生的最后一段路。徐海荣在医生和护士等医务人员细致的关怀和积极的鼓励下坚强地挺到了 2014 年 9 月 29 日，生命的最后时刻，他还不忘向五官科施祝良主任和护理人员表示感谢。医护人员们经常自己出钱给徐海荣买可口的饭菜，并采用了姑息疗法让徐海荣在对抗病魔之时不那么难受，他说要谢谢医护人员和罗女士让他感受到了家一般的温暖。

与世长辞，逝者安息

生命弥留之际，徐海荣向病床边的父母提了最后一个要求：自己走了以后，要以最快的速度通知红十字会，捐献遗体回报社会。宁波同泰嘉陵相关负责人通过媒体了解相关情况后，总觉得自己要为徐海荣"生前想还人情"的心愿做点什么，他联想到了电影《非诚勿扰 2》中的情节——秦奋为患重症的老友李香山举行亲友生前告别会，类似的告别会不是可以帮助徐海荣实现心愿么？经徐海荣和家人的同意，在爱心志愿者的帮助下，举行了亲友生前告别会，以满足徐海荣"生前想还人情"的心愿，视频里的他还是那么不善言辞，但正如一直帮助他的罗群星女士所说的——"参加完告别会的每一个人，都会重新审视生命的意义"。

因为已经无法起床，徐海荣不能来到告别会现场，他躺在病床上，在老父亲的陪伴下，通过视频连线观看了告别会的全过程。徐海荣的家人们分别发表了亲属答谢词，几位亲人带着兰溪口音的发言让人听不大懂，但说得最多的词就是"谢谢",谢谢宁波每一个为他奉献爱心的人们,谢谢这里的医生和志愿者⋯⋯

视频里已虚弱万分的徐海荣依旧保持着淡然,和每一位关心他的人挥手告别,即使在听到告别会现场早已泣不成声的罗女士一句"祝你一路走好"后,他也只是微微一笑。一年前的徐海荣做梦也没想到自己的人生在最后时刻能如此幸运。告别会上,他对最后时刻许多"没想到"的事,回应只有两个字:感谢。

告别会的最后,视频那头的徐海荣努力睁大双眼,慢慢抬起右腿,把右手架在腿上,向每一位到场的人挥手告别;视频这头的我们,每个人点起蜡烛,围成一颗爱心,填写的寄语卡统一投放到祝愿箱里,告别会结束后会有人带到医院读给他听。

"鑫鑫,你要记得有很多宁波好心人帮助过你⋯⋯"2014年9月29日18时30分,徐海荣轻轻地拉着儿子的手,吃力地看了看身边的家人,安静地闭上了眼睛。徐海荣去世后,大哥徐海云立即通知了江东区红十字会。徐海荣的遗体捐献给宁波天一职业技术学院(现宁波卫生职业技术学院)用于医学研究。徐海荣的名字和瓷像也将镌刻在镇海区大同公墓宁波市遗体捐献纪念陵园的纪念碑上,供后人瞻仰。落叶归根,虽然徐海荣的根不在宁波,但他在宁波感受到了生命别样的美好,所以选择在宁波凋谢,将自己奉献给这座大爱之城。

这一场生命的接力在宁波这座充满爱的城市将会一直传承下去!

(部分史料源自"孝爱之家"2014年10月3日《患绝症捐献遗体的徐海荣天堂纪念馆》http://www.xazjw.com/Memorial/ReView/989553433i459177.html;中国宁波网2014年7月15日《39岁徐海荣捐遗体纵死无怨悔,惜幼子此去有牵挂》http://news.cnnb.com.cn/system/2014/07/15/008111697.shtml;"孝爱之家"2014年10月3日《徐海荣两天时间收到善款近4万元》http://www.xazjw.com/Memorial/ReView/989553433i459176.html;

新华网 2014 年 10 月 1 日《癌症患者捐献遗体作医学研究，称不枉世间走一回》https://zj.qq.com/a/20141001/007953.htm；宁波文明网 2014 年 7 月 15 日《宁波这座爱心之城里一个癌症患者圆了心愿》http://nb.wenming.cn/wmnb/201407/t20140715_2062259.shtml；"孝爱之家" 2014 年 10 月 3 日《好心人为农民徐海荣举行生前告别会》http://www.xazjw.com/Memorial/ReView/989553433i459175.html）

十一、"捐献遗体不办丧事，东钱湖第一人"——张先生

张先生（1934—2010），男，浙江宁波鄞州人。原某机械厂八级技工，一名资深的摄影爱好者。

技高艺广，爱好摄影

张先生 1934 年生，家庭条件优渥，在宁波高中毕业后去上海学习机械技术，新中国成立后在某机械厂任八级技工。年轻时的张先生长得眉清目秀，一表人才，喜欢书法篆刻，更喜欢摄影。解放后的上海，办了许多夜校供年轻的工人和学生们进修各种各样知识，张先生喜欢摄影，就参加了一个学习摄影技术的夜校，就在那个时候，结识了上海摄影教育家陈先生。早在 20 世纪 30 年代，陈先生就成了英国皇家摄影学会的会员。张先生回忆陈先生上课的样子，喜欢吸烟，姿势优雅，虽然已经解放，但陈先生在打扮上，从光洁的大背头，到挺括的西装，擦得锃亮的皮鞋，依然一副名流派头。这些都是遥远的记忆了，张先生甚至还没有恋爱结婚，一场反"右"斗争席卷中国。年轻时的张老先生富有小资情调，喜欢吟风弄月玩摄影，有时又秉直说几句不满的话，"右派"的帽子正好戴上。从一名优越的都市蓝领一下子沦为"专政"的对象，张先生整整吃了 20 年的苦头，待平反的时候，已是一个四五十岁的"小老头"了。

生活安定，重拾旧梦

20 世纪 80 年代，张先生手里有点余钱了，重拾旧梦，购置了一套摄影器材，相机是美能达 XD-11，当时很经典的一款相机，配了一支长焦和一支标准镜头，三脚架、快门线等一应俱全，还购置了一整套暗房所需器材，从拍摄到冲印可独立完成，据说，当时的花费可以购买农村里的一栋楼房了。那个时候，张先生和上海的陈先生重新接上了头，师生成了朋友。张先生去上海，有空会去看看陈先生，一起喝杯老酒；陈先生到宁波来玩，张先生也一路陪同。从 1984 年张先生给陈先生拍的一张照片可以看出，80 年代后的陈先生，还保留着比较浓郁的艺术家派头，梳着背头，叼着一支没有过滤嘴的卷烟，穿着开领香港衫，一副无所谓的样子。

张先生在东钱湖边的生活过得悠然自得，平常日子做做技术师傅，业余时间玩玩摄影，拍拍风景，记录一些乡村庆典之类的事件，还免费为陶公山的老百姓拍了不少照片。

结识"色友"，赠送爱机

2007 年初，一色友（喜欢摄影的朋友，圈内称"色友"）遇到张先生。陶公山是几个色友非常喜欢去拍照游玩的地方，有长长的街巷、旧旧的民宅。主街两边的小弄，一边通向山里，密密匝匝的房子依山而起；一边通向湖岸，是村民系舟或浣洗的石埠。张先生住一间小楼屋，旁边有一小弄，走进去是色友妻子的老同学家。知道色友喜欢拍照，老同学便把色友介绍给了张先生。以后，色友去陶公山拍摄，看到张先生在，就会进去坐坐，聊上几句，对色友数码摄影没有机械胶片技术打底的，张先生总有些不以为然，但另一方面又戴起老花镜，很认真地看数码相机显示屏里的小图，分明流露出羡慕的神色。

好像是那年秋天，老同学打来电话，说张先生要把相机什么都送给色友。色友又不是他的亲人好友，有点想不通。过了几天，去陶公山玩，老同学也在家，于是一起去张先生的家里。张先生话不多，说自己现在身体不对，照片也拍不动了，恐时日无多，一些摄影器材、书籍、字帖和照片放着也无用，不如送给一个喜欢摄影的朋友，也是一个延续。

色友再也无法推辞，就小心翼翼收好张先生整理好的那些器材、书籍，其中就有当年那架昂贵的美能达相机，一些不知名的药粉，几本 50 年代的摄影教材，有些小册子是陈先生编的，还有几张老照片，其中一张装裱过的是陈先生摄于 1935 年的一张旧照，送给张先生的，这是他们俩友谊的一个见证。当色友捧着这些东西离开，不经意间回头一瞥的时候，分明看到了张先生嘴角泛起的笑意。

静悄悄地走了，不惊扰世俗

2005 年 10 月 11 日，客居东钱湖的张先生到宁波某医疗机构办理遗体捐献手续，决定将自己的遗体用于医学研究。

2010 年 10 月 11 日，张先生驾鹤西去，享年 76 岁。上天从他决定自己归宿的那一天起，只给了他 5 年整的人间光阴。没有告别仪式，没有花圈，关了鸣号声的救护车悄悄地驶入张先生所在的敬老院，大家轻脚轻手地把老先生的遗体抬入车内，接着，救护车又悄然离去。张先生走了，但一颗眷恋东钱湖山水的灵魂是不肯离去的，在张先生松手的那会儿，早已化作一阵湖风，拂过湖面、岸柳、后山的松林。从此，再也没有痛苦，再也没有牵挂。

燕雁无心随云去，秋风落叶终归土。祝愿张先生一路走好！

（部分史料源自搜狐博客 2010 年 10 月 12 日 http://fanxuezi.blog.sohu.com/160916322.html）

十二、"生命之约　大爱传递" ——周先生

周先生（1974—2019），2019 年逝世，享年 46 岁。长途客车司机，常年

奔波劳碌，辛苦的工作并没有让他心有怨言，而是兢兢业业地坚守在自己的岗位上，即使是在去世后也不忘为祖国的医疗事业贡献自己的力量。

甘于奉献，传递大爱

周先生是一名长途客车司机。早在 2013 年 3 月 12 日，周先生就签下了遗体捐献申请登记表，希望过世后将遗体用于医学研究，为现代医学发展做一点贡献。

在日常工作生活中，周先生一直随身携带着志愿捐献遗体登记卡，可见周先生对于遗体捐献的重视。

生命之火，生生不息

2019 年 3 月 22 日，周先生突发疾病过世。虽然事出突然，但家人强忍着悲痛，马上联系了遗体捐献部门，并决定不搞治丧仪式、不办酒席，只邀请少数亲友进行简单的告别仪式。

得知周先生过世的消息后，社区退休的社工大姐扼腕痛惜，并表示周先生为人随和，夫妻俩平时乐于助人，和邻里关系融洽。

"6 年前，我和丈夫一起办理了遗体捐献登记手续。现在他走了，我要帮他完成最后的心愿。丈夫履行了承诺，我以后也会捐献遗体。"周先生的妻子说。周先生的父亲在儿子影响下，也早已填写了遗体捐献申请登记表，一家人都为志愿服务事业做出了巨大贡献。周先生的妻子通过县红十字会，将丈夫的遗体捐献给宁波卫生职业技术学院。

晚霞和晨曦一样，都会照亮人间。

（部分史料源自《宁波日报》2019 年 4 月 1 日第 5 版 https://zjnews.zjol.com.cn/zjnews/nbnews/201904/t20190401_9800764.shtml）

十三、"残疾村民回报社会"——周伯伯

周伯伯（1962—2017），男，一级多重残疾者（双目失明、四肢瘫痪）。

大病无情人有情

周伯伯是一名一级多重残疾患者。高中时的一场突发疾病导致他双目失明，四肢瘫痪，卧病在床 20 多年，生活完全不能自理。周伯伯告诉我们，患病以来，街道和村干部经常来看望他，逢年过节还给他送来慰问品和慰问金。政府的关心和鼓励使他在身患重病的时候，仍有勇气活下去，积极乐观对待生活，他的内心深处时时感受着社会的温暖。

生而平凡，各自有光

周伯伯在收听广播时，获知了市民可以申请遗体捐献的消息。"我去世后愿把遗体捐献给国家用于医学研究，让更多患此病的人少受折磨。这也许是我回报社会唯一的方式！"周伯伯说。在街道残联工作人员到他家的一次慰问中，周伯伯表达了捐献遗体的意愿。周伯伯的父母知道后也理解和支持他的决定，街道残联工作人员积极联系所在区的红十字会，帮他申请遗体捐献事宜。

2009 年 4 月 14 日，区红十字会的工作人员来到周伯伯家中，帮助他填写了志愿捐献遗体器官申请登记表，并由周伯伯的父亲代签了捐献协议。

（部分史料源自《宁波日报》2009 年 4 月 20 日 http://daily.cnnb.com.cn/nbrb/html/2009-04/20/content_79608.htm）

十四、"八旬老人留给人间最后的礼物"——卓爷爷

卓爷爷（1934—2017），男，五保户，与兄长先后完成遗体捐献。

生活节俭，为人积极

卓爷爷是位"五保老人"，终生未成家，无子女，长期居住在村里为他安排的房子里。生前积极向上，省吃俭用，逢年过节亲属看望时所给的钱，除去生活所需，剩下的都存了起来。

和兄长的约定

据卓爷爷的侄子所述，"叔叔捐献遗体的初衷，还是受到伯伯的影响"。大哥曾参加过抗日战争，他们在 2004 年就约定要一起捐献遗体，为医疗事业做贡献。随后，卓爷爷就委托其所在村党支部书记李书记为其办理遗体捐献手续。真正办好申请登记的日期是 2006 年 9 月 30 日。其兄长是在 2005 年 5 月申请登记遗体捐献的，捐献时间是 2012 年 11 月 3 日。

心怀感激，把一切留给社会

卓爷爷是个"五保户"，就一个人，长期住在松岙，生活上的一些事情都是村里照顾。卓爷爷无儿无女，受政府的帮助很多，所以他也一直心怀感激，想死后把遗体捐献出来。感恩村里的照顾，他去世时曾留下遗嘱，将自己的遗产全部捐献给村老年协会。2017 年 10 月 25 日中午，卓爷爷的亲属遵照其遗嘱，将老人生前留下的冰箱、电视等生活用品以及辛苦积攒的 25161.5 元现金全部捐献给村老年协会。

"几个月前，卓爷爷生病了，身体状况变差，后到镇上的敬老院生活。2017 年 6 月 5 日，老人去世。根据他的遗愿，在区红十字会的主导下完成了遗体捐献工作。"李书记告诉记者。老人的遗体将被宁波卫生职业技术学院用于科学研究。

（部分史料来源自《奉化日报》2017 年 10 月 26 日《乡村老人留下的最后礼物》http://www.fhtv.net.cn/folder16/folder83/2017-10-26/177482.html）

十五、"蚂蚁大王"——沈爷爷

沈爷爷（1931—2017），男，养殖大户，因创立某品牌蚂蚁粉，人称"蚂蚁大王"。

小事之中"嗅"商机

沈爷爷之前半生漂泊，十几岁就到南京的一家杂货店做学徒，新中国成立后回到余姚，后来到宁波读书，学了会计，毕业后先到供销社，后到粮管所工作。在那个年代，这个工作不但是"铁饭碗"，还很吃香。沈爷爷虽然端着这份"铁饭碗"，但是机智灵敏的他却在一次小事中"嗅"到了商机。当时粮管所有个工人受了外伤，他选择了鳖虫的偏方药对其进行治疗，令人惊奇的是这个偏方药效果很好，工人的外伤很快就痊愈了。生性好奇的沈爷爷观察到，粮管所的仓库周围，有很多这种地鳖虫，于是他有了养殖地鳖虫做相关保健品的念头。

20世纪70年代末，改革开放的春风吹遍神州大地，沈爷爷不顾家人的强烈反对，毅然辞掉了让很多人羡慕不已的粮管所工作，果断"下海"养殖地鳖虫。因为这次尝试，他成为当地最早下海从商"吃螃蟹"并先富起来的人之一。

"蚂蚁大王"名噪一时

随着养殖的成功，沈爷爷开始受到越来越多的关注。1980年某报曾有一期的头版头条位置给了这位普通的养殖人。之后他先后出版了几本介绍养殖技术的书籍，并尝试扩大养殖的规模。他从家里开始，将蚂蚁的养殖扩展到野外。蚂蚁养殖成功后，沈爷爷又陆续开发了蚂蚁酒、蚂蚁粉等保健品，并取得卫生许可证、保健食品的批文等，生意越做越大，经验也越来越丰富。互联网媒体的传播速度很快，一时间他成了家喻户晓的名人，成为名副其实的"蚂蚁大王"。

人生的转折点

在生意做得红红火火的时候，突然的一篇报道给了沈爷爷当头一棒。这篇报道称，浙江农民沈某某既不懂医又不知药，擅自生产蚂蚁粉，称可以治疗乙肝等疾病，是误病害民。因为这篇报道，沈爷爷将作者吴某和报社告上法庭。法院判决支持原告提出的两被告公开赔礼道歉、赔偿精神损失的要求。然而 1999 年 6 月，法院又改判沈爷爷败诉。这位倔强的老人坐不住了，开始了漫长的申诉之路，经历了一次次失望的他最终回到了家乡。

已经吃不消去北京的他，在去世前仍埋身于一堆资料之中，"有些东西是必须要坚持的"。他从一大堆资料里抬起头来，"我不能就这么认了，如果你也认了，我也认了，大家都认了，这种事情会越来越多……"老人觉得，这是原则性问题，没有丝毫妥协的余地，只要还有一口气，就一定要争个明白。"要造假，我早就发财了"，沈爷爷说。在 20 世纪 90 年代，骗子们利用人们求富心切的心理以及对蚂蚁养殖知之甚少的弱点，在报纸上常有出售蚁种的广告，夸称养蚂蚁高收入，抛出一个个骗局，导致受骗的人颇多。当时沈爷爷作为养殖带头人，经常上电视介绍经验，提醒广大养殖户不要因为急功近利受骗。养蚂蚁确实能致富，但需要时间，绝不能指望今年养、明年就有收成。但是没想到，骗人的帽子竟落在了自己头上，这是他绝不能容忍的。

生而报国，逝者永存

2017 年，忙碌一生的沈爷爷静静闭上了眼睛，一生的浮浮沉沉、跌宕起伏都变成了云烟被风吹散。他生前的愿望就是将自己的遗体捐献给社会用于医学研究，活在这世上时，虽然有遗憾，但依旧感谢这个世界，希望自己的遗体可以助力医学领域的发展。他的家人们也尊重他的想法，将他的遗体无偿捐献给宁波卫生职业技术学院用于医学研究。

沈爷爷一生坚强，勇于奉献，他用实际行动向我们诠释了生命、价值与奉献的真正内涵。虽然心脏停止了跳动，但却以另一种方式永远存留于世间，用自己的生命谱写出了别样的色彩！

（部分史料源自腾讯·大浙网 2015 年 11 月 8 日 https://zj.qq.com/a/2015 1108/009479.htm ）

十六、"把我的遗体捐出去！"——王先生

王先生（1967—2016），男，遗体捐献者。

身患重症，心系捐献

1967 年出生的王先生无妻无儿，孤单一人。王先生的思想很开放，性格也很积极乐观，他希望去世后能把器官和遗体都捐献出来，留给这个社会。"由于病情之故，器官用不上了，只能用自己的遗体为医学事业做点贡献，这也是好的。"这是王先生朴素而真实的想法。

王先生虽然患重病，但是在和病魔对抗的同时，仍想为社会尽自己最后一份力。一个普通人很难下决心做到的事，而王先生虽受疼痛折磨，却做出了不普通的决定，他用自己的方式回馈社会，让我们看到了不平凡的光辉。他捐献遗体的想法提出后也得到了几个兄弟的理解和支持，他们都认为王先生的举动伟大且有意义。于是，经过沟通，红十字会工作人员专程上门为他办理了遗体捐献登记手续，实现了他的心愿。

带着善意离开

"记得把我的遗体捐献出去！" 2016 年 11 月 15 日，饱受病痛折磨的王先生在交代完最后这一件事后闭上了眼睛，走完了他 50 年的人生历程。去世后，他的侄子遵照他生前的遗愿，通过区红十字会将遗体捐献给了宁波卫生职业技术学院。他的离开也代表着他新的开始。

"善良，是一种世界通用的语言，它可以使盲人感到，聋人闻到。"王先

生的善良将会传递给社会，经久不息。

（部分史料源自宁波市红十字会第 24 期简报《江北实现第二例遗体捐献》
http://www.nbredcross.org.cn/art/2016/12/30/art_7253_420136.html）

十七、"乐观积极的天使女孩"——许女士

许女士（1965—2016），女，2017 年被授予"最美浙江人"——浙江好人榜"助人为乐"称号，长期从事各类志愿活动，曾在宁波轨道交通做外宾接待志愿者。除遗体捐献外，其捐献的角膜帮助了两个人重见光明。

热爱生活，积极向上

许女士热心做公益。因为会说英语，许女士长期在宁波轨道交通做志愿者，定期为外国游客做讲解，也引导年纪大的市民坐地铁。另外，她还报名担任社区义工，为老年人提供服务。一室一厅，这是许女士单独居住的家。房子不大，却异常干净，有别于中年人的布置，她把房子拾掇得有些小清新。她平常喜欢爬山、健身、旅游、做义工，生活既丰富又充实。2015 年 11 月退休后，她加大了旅游的频率，稻城亚丁、西双版纳都留下了她的足迹，还定好了去日本的行程……每逢过年过节，她都在外旅游，平时则参加各种义工活动。

这样一个简单又快乐的女孩，她的生活却在 2016 年发生了彻底的改变。

突患恶疾，乐观对待

2016 年 3 月 10 日，老天跟许女士开了一个天大的"玩笑"，因为经常性头晕、恶心、呕吐，她入院治疗，发现颅内长了黑色素瘤。这种病症很少见，在全国仅有 100 多例。2016 年 3 月 21 日，因肿瘤已压迫到神经，医生为她做了血管瘤切除手术。经切片检查，发现是恶性瘤，且通过血液传播。医生说，一旦复发情况会很糟，让亲属做好心理准备。手术后，许女士精神

状态似乎还不错。4月1日，亲属们抱着期待奇迹发生的心情，带她出院回家疗养。三个姐姐每人一周，轮流照顾她。5月20日，噩耗再次传来，之前被切除血管瘤的位置又长出了新的东西，病情复发，许女士再次入院治疗。这一次，她仅仅在医院住了11天。最后一周，她大小便失禁，话也不会说了。6月1日，她永远地离开了她深爱的这个世界。

帮助他人是自己最大的快乐

2005年5月20日，许女士瞒着所有亲属，找到要好的朋友帮她以第三人的身份签了自愿捐献的字。"她那时才40岁，没想到这么快人竟然走了！那时她说在报纸上看到可以捐献角膜和遗体了，就跟我说了这个意向。我问她怎么想的，会做出这种决定，她那句话我记得很清楚——'我反正一个人，死了以后也没什么记挂，遗体捐掉好了，给别人用，让国家做实验'。""当时她告诉我，不想跟三个姐姐说，她们知道肯定不同意。"拗不过许女士，许女士的朋友答应了她，一路陪她去派出所、红十字会办理捐献登记手续。做了20多年朋友，许女士的突然离世，让她的朋友难过不已。"帮人家做事是自己最大的快乐"，这是许女士常挂嘴边的话，虽然只活了51年，可留了很多给社会、给国家。"我自愿在身后将遗体捐献给宁波市红十字会，用于医学科学事业，请亲属遵照我的意愿。"

在第一次住院期间，姐姐们和别的亲人才得知许女士早在2005年就签了角膜和遗体捐献书。大姐说，许女士已经告诉身边的朋友，唯独瞒着姐姐们，得知情况时，大家都震惊了。"我一时没法接受，我们真的很不愿意让她用这种方式……"在照顾许女士的日子里，大姐和二姐都受了她的拜托——2016年4月出院当天，她跟大姐说，她报了社区帮助老人的服务工作，这下动了手术没法做到了，想让大姐去打听情况；轮到二姐照顾时，她又心心念念地铁站志愿者的事："二姐，鼓楼站，你给我去站两个小时吧！我志愿服务的任务要完不成了，你别管我了，先去帮忙。"两个姐姐都很无奈，劝她以身体为重，这些事情暂时先放一放。

在心跳停止后两个多小时，作为指定角膜接收站的某眼科医院医生就前来取角膜，这时候，几个姐姐又一次陷入了犹豫。"我妹妹的身体还是热的，体温尚在，真的，真的做不到。"在征得所有亲属同意后，许女士的角膜（眼球）顺利捐献，目前已帮助两个人重见光明，而她的遗体，则被送到宁波卫生职业技术学院，为国家医学科学事业服务。

在病重期间，有很多朋友和同学、前同事来探望向来好人缘的许女士。此外，这些友人自发跟亲属要求，为好人许女士举办一场遗体告别会。2016年6月3日上午8点，五六十人到了殡仪馆，和她做最后的告别。大姐、大姐夫、大外甥、二姐……他们都来了，暖暖的黄色灯光照下来，安静的屋内有着旁人难以体会的悲伤氛围——大姐一讲起她的事情，就不停抽泣；二姐本就只有几根白发，看起来却满脸憔悴。

不是所有站在光里的都是英雄，默默奉献、无私付出的你也是城市的英雄。

（部分史料源自《现代金报》2016年6月5日 http://news.eastday.com/eastday/13news/auto/news/csj/20160605/u7ai5699331.html?t=4suzq）

十八、"生命在奉献中延续，大爱在人世间永存"——任氏父子

任爷爷（1941—2017），男。

任爷爷的儿子（1973—2014），男。

贫穷中的幸福

20世纪60年代，任爷爷结识了22岁的妻子。妻子是上海人，为了响应国家号召，插队下乡务农。任奶奶说，在那个一穷二白的年代，即便家里什么都没有，两个人在一起相处也很愉快。不久，儿子出生，给这个不富裕的家庭带来了不少的欢乐。随着时光的推移和时代的发展，任爷爷一家在平淡

幸福中度过了几十载欢乐时光。

一场车祸打破了一家的平淡

原本以为一家人会这样幸福生活下去，但一场意外的车祸，却让这种幸福戛然而止。

2014年6月，任爷爷的儿子任先生遭遇车祸，夺走了他43岁宝贵的生命，留下了父母妻儿。此时正值任先生新公司刚起步，9岁儿子还不知事，任先生的妻子成了一家的顶梁柱。

2017年，76岁的任爷爷去世。他们家住在一个老小区。这是一间普通的两居室，由于建成年代较早，房子显得比较破旧。推开大门，或许是一楼的缘故，或许是屋内东西摆设太多，屋内光线不太明亮。进门是一间不到15平方米的房间，一张高低床和一张方桌占据了大部分的面积。这里既是客厅，也是卧室。"老头子平常就喜欢瞎折腾。"任奶奶指着对面一把白色靠背椅，语气中有些自豪地告诉记者，这是她老伴在30多年前做的。

"坚强老太"的两次选择

他们的家庭条件一直不太富裕，一家人的收入来源主要靠任爷爷微薄的工资，而任奶奶则在外面打零工贴补家用。好不容易盼到儿子成家立业，并且成立了自己的公司，一家人的生活刚刚有了起色，但在2014年，这一切被打得粉碎。任爷爷的儿子被一场车祸夺去了生命。

就在别人都以为这个老太太会被眼前的现实击倒的时候，任奶奶做了一个出人意料的选择：将儿子的器官捐献。2017年7月，一向健康的任爷爷开始日渐消瘦，嚷嚷着没有胃口，吃不下饭。一直以为是天气太热的缘故，两人都没有放在心里。孰料，76岁的任爷爷竟突然去世。

"平时也没什么毛病，谁能想到就这样走了。"任奶奶说老伴去世之后，她再一次选择将老伴的遗体捐献。"原本是打算捐献器官，但是因为年龄超过65周岁，所以就捐献了遗体。"她说。现在自己最大的心愿，就是孙子能够无忧无虑地生活，早一天长大。

任爷爷的生命，正以一种爱的形式在延续。这样的大爱，值得我们每一个人尊敬和学习。

（部分史料源自鄞州新闻网 2017 年 8 月 8 日 http://yz.cnnb.com.cn/system/2017/08/08/008666106.shtml）

十九、"奉献自己，回报社会"——汪先生

汪先生（1983—2017），男，享年 35 岁，去世后捐献遗体和角膜。

苦难人生，坚强面对

2015 年 11 月，汪先生不幸被确诊为恶性淋巴瘤，这个消息对于经济条件薄弱的一家人来说犹如晴天霹雳。这个病的存活率很低，并且后续的手术费和医药费也不在这个普通家庭所能承受的范围内。经济上的压力和生活上的压力让这个而立之年的男子感到低落甚至崩溃。在此之前，他离异并育有一子，患病以来，他和年幼的儿子住在继父家，全家 5 口人靠继父打零工勉强维持生活。人生中的种种苦难让他痛苦不已，但他仍咬牙坚持了下来。

人人为我，我为人人

汪先生生病后，家庭的收入无力承担他昂贵的医药费，因此，每次的医疗费用都来自爱心人士的捐款。为回报社会，汪先生于 2016 年 7 月登记成为遗体（角膜）捐献志愿者。登记前，工作人员向汪先生及家人详细讲解了遗体（角膜）捐献的具体流程，本着尊重个人意愿和家人支持、同意的原则，为其办理了遗体和角膜捐献登记手续并送上慰问金，鼓励他乐观生活。他表示，几年前就有去世后捐献器官这个想法，希望自己的角膜可以给他人带来光明，以这种方式来延续自己的生命。"我的孩子今年才 9 岁，我真的舍不得。社会帮助我们家那么多，我也愿意用我的身体回报社会！"汪先生说。

寥寥几句话语，表达出他对社会中爱心人士的诚挚感谢以及他对这个世界、对家人的不舍。

2017 年 2 月 16 日，市红十字会领导专程来到汪先生所在的村慰问遗体（角膜）捐献登记志愿者汪先生，为他送去慰问品和慰问金，鼓励他乐观面对困难，树立生活信心。市红十字会也把他列为特殊帮扶对象，除了经济上的帮助外，也积极为他争取多种帮扶渠道，为他的儿子就学提供绿色通道。

2017 年 5 月 8 日，市长跑协会得知汪先生的情况后，组织了 24 小时公益跑活动，以跑友每跑 1 公里转化为 1 元钱的形式，筹集公益金帮助汪先生一家。"放心吧，以后我们一定会继续帮助你和你的家人！"市长跑协会会长余先生带着慰问品和慰问金来到汪先生家，紧紧握住汪先生的手向他承诺。汪先生闪着泪花，消瘦而苍白的脸上充满了感动。活动结束后，市长跑协会共筹得善款 40635.7 元，并成立了专项基金。"汪先生虽然身患重症，但依然想着回报社会，这种精神让我很感动。我们协会希望能尽一点绵薄之力，用脚步'丈量'爱心，呼吁更多的人参与其中，给困难家庭更多的爱与关怀。"余先生说。

将自己奉献给社会

2017 年，汪先生永远地离开了这个世界，他选择将自己的遗体奉献给社会，帮助他人获得光明并且为医学事业的发展做出贡献。去世后，家人尊重他的意愿，将他的遗体捐献给了宁波卫生职业技术学院用于医学研究，他以另一种方式永远地活在这个世界。

（部分史料源自《余姚日报》2017 年 5 月 28 日《市长跑协会公益跑捐助重症患者》www.yynews.com.cn/system/2017/05/28/011563762.shtml ；《余姚日报》2016 年 8 月 4 日《梁弄一患重病村民登记捐献角膜》yynews.com.cn/system/2016/08/04/011438284.shtml ；《余姚红十字简报》2016 年 7 月 28 日 view.officeapps.live.com/op/view.aspx?src=https%3A%2F%2Fzjjcm

spublic.oss-cn-hangzhou-zwynet-d01-a.internet.cloud.zj.gov.cn%2Fjcms_
files%2Fjcms1%2Fweb3788%2Fsite%2Fattach%2F0%2F160801144054480.
doc&wdOrigin=BROWSELINK ;《余姚红十字简报》2017年2月28
日 view.officeapps.live.com/op/view.aspx?src=https%3A%2F%2Fzjjcmspu
blic.oss-cn-hangzhou-zwynet-d01-a.internet.cloud.zj.gov.cn%2Fjcms_
files%2Fjcms1%2Fweb3788%2Fsite%2Fattach%2F0%2F170316090006594.
doc&wdOrigin=BROWSELINK）

二十、"奉献无止境"——吴爷爷

吴爷爷（1928—2015），男，享年 88 岁。

感受生命的温暖

吴爷爷本有一个和美的家庭，有一双可爱的儿女，但妻子 48 岁时因病去世，儿子 12 岁时不幸夭折，女儿 31 岁时也因病离开人世。一次次地失去亲人，白发人送黑发人，让老人悲痛不已，从此吴爷爷过上了孤苦的生活。2002 年，吴爷爷住进了敬老院。在这里，他感受到了自己曾经失去的家庭温暖，敬老院工作人员对他无微不至的照顾让他非常感激，他也开始变得热爱生活。

决定为社会做出贡献

敬老院安稳平淡的生活，让老人对这个社会充满感激。"他常说一个无依无靠的人能过上幸福的晚年生活，希望能用遗体捐献的方式，为有需要的人做点贡献。"敬老院顾院长说。在知道吴爷爷登记捐献遗体这一消息后，他的侄子曾一度反对，他希望老人入土为安，但吴爷爷态度很坚决，还屡次做侄子的思想工作。经过一次又一次地劝说，慢慢地，侄子也理解了，不仅十分敬佩他，也尊重他的选择。2008 年 7 月 19 日，吴爷爷与区红十字会联系，说自己是个孤寡老人，愿意捐献遗体回报社会。7月29日，吴爷爷郑重地在遗体捐献登记表上签下自己的名字，他将自己无私地奉献给了这个社会，献给了医学事业。虽然过去的生活并不如意，但他仍然想为救助更多人献出自己的一份力量。

2015年11月18日23时许，老人在敬老院去世，敬老院负责人第一时间通知了区红十字会。在了解情况后，区红十字会立即联系宁波卫生职业技术学院遗体接收站，协调做好遗体接收工作，老人的遗体将用于医学研究或是帮助学生们学习医学知识。希望老人一路走好，他的精神将会一直传扬下去！

（部分史料源自宁波文明网2015年11月25日《镇海耄耋老人捐献遗体》http://nb.wenming.cn/xsqcz/zhq/201511/t20151125_2977461.shtml）

二十一、"温暖的异乡人"——张先生

张先生，男，（1970—2015），去世后遗体捐献给宁波卫生职业技术学院。

身居异乡，喜遇知己

张先生父母双亡，虽有兄弟姐妹，但联系甚少。他的人生字典里，"家"这个概念非常模糊。20多岁时，他有了结婚的念头，但家里却连微薄的彩礼也拿不出，这让好胜心极强的他无颜面对，于是决定外出闯荡。他先后当过司机，做过装修，打理过饭店……2004年前后，他来到宁波，入职一家信息工程有限公司做驾驶员，并与同是外来人的杨先生及其夫人结下了不解之缘。做司机的张先生常常到杨先生的理发店里来理发，偶尔搭把手。时间长了，他们渐渐熟悉，慢慢成了朋友。

多年来，杨先生凡事都喜欢听听张先生的意见。由于长年闯荡，张先生有着比同龄人更丰富的经历。在杨先生眼里，张先生主意多，讲义气，他

总是大大咧咧、开开心心的，讲各种稀奇古怪的经历，和他聊天是一件很愉快的事。夫妻二人的认可，让长年漂泊在外的张先生有了种家的感觉，倍感温暖。在杨德成夫妇遭遇困难时，张先生都会带着酒菜上门共饮，陪着他长吁短叹。后来张先生提了个建议，认为杨先生可以开一家粥铺。于是张先生做起了监工。那段时间，他身体已经非常虚弱，但还是坚持坐在椅子上现场指挥。"我身体吃不消了，就想把他推上去……"张先生说着说着泪光闪动，"可能等不到这一天了"。

宁波——一座有温度的城市

2008 年，张先生不幸查出了食道癌，偷偷到医院做了手术。2014 年 6 月，他病情复发，转移成淋巴癌，发现时已经是晚期。短短两个月，这个身强力壮的汉子就被病魔折磨得瘦骨嶙峋，什么也做不了。没了工作，没了收入，连住所也没有，而身边又没有一个亲人，绝望之际，杨先生及其夫人挑起了照顾他的担子，他们总是会陪着张先生一起喝点酒，让张先生的心情好转。后来杨先生打听到附近有一家托老所，于是又自己花钱把他送了进去。托老所有护工，也有饭菜，但他们每天中午也会抽空去看看，送些好吃的东西。

他和老杨夫妇这段让人唏嘘的友情在当地论坛和微博、微信上不胫而走后，除了老杨夫妇，越来越多的人来关心他。一对住在大碶的夫妇给他送来了一箱酒、一条好烟，还有 600 元钱；一名从内蒙古来宁波打工的保安卞先生赶到张先生床前，一边安慰，一边掏出 200 元钱塞了过去。他最早当司机的那家信息工程有限公司负责人王先生也到托老所看望张先生。住在粥铺附近的一位好心市民对杨先生说，以后要是带张先生去澡堂洗澡，他负责开车免费接送。"能省一点是一点。"这位好心人说。

一拨拨素不相识的好心人前往托老院，慰问老杨夫妇，看望卧病在床的张先生。

2014 年 11 月 9 日上午，宁波某商会会长尤先生等一行 8 人，以老杨夫妇"娘家人"的身份，来到托老院，看望、慰问张先生，并送上 1 万元善款。这么大的慰问团，张先生显得有点局促，原本就有点发抖的双手，接过慰问金时，颤抖得更加厉害，两只眼睛闪烁着泪花。

各媒体报道这件事后，老杨夫妇的粥铺生意特别好，不少人是绕道来这儿的。"我知道大家是特地来'帮衬'生意的，几名志愿者还主动来店里帮忙。"杨先生的夫人感激地说。

2014 年 11 月，区红十字志愿服务队的志愿者在某广场进行爱心义卖，过往行人纷纷解囊，当场为张先生募捐数千元爱心款；张先生所在街道党工委副书记一行又来走访慰问。街道承担起了张先生在托老所里的生活护理等一切费用。此外，还有很多不留名的热心市民，有的带来了张先生爱喝的劲酒、爱抽的香烟，有的抽出时间来陪他唠嗑……

看着这么多人来关心照顾自己，张先生感到了从未有过的温暖。"你们比我的亲人还亲。"短短的一句话，道出了这位在外漂泊数十年的游子的心声。在宁波，他们感受到了宁波独有的温情，帮助着他们，激励着他们战胜前路的艰难险阻。

用最好的方式告别世界

在 2014 年 9 月，老杨夫妇领着孩子，陪张先生踏上了从宁波到吉林的路途，见了他心心念念的朋友，逛了逛当地有名的景点，也了解了他和家人之间的隔阂。本计划道别朋友后就进入茫茫的西藏大草原，孤寂地离开这个世界。但他还是返回了宁波，这里有他太多无法忘却的温暖：没有血缘关系的老杨夫妇，离职多年依然牵挂他的公司老板和同事，还有那一拨拨素昧平生的热心人……这一幕幕场景，让张先生不再孤独和无助。张先生说要捐献遗体，做一点有意义的事。"人家给我了这么多，我无以回报。把我的遗体捐出来，也算是我最后的心愿。"2014 年 10 月 24 日，张先生在遗体捐献申请登记表上签字，决定捐出遗体回报这段让人唏嘘的友情和社会对他的帮助。

张先生于 2015 年 1 月 28 日下午 5 时去世。去世前一天是他今生的最后一个生日，当时他的精神特别好，谈笑风生，跟一点病没有的人一样，中午和晚上都有很多好心人去看望了他并给他送去了生日蛋糕，他十分开心。

2015 年 1 月 29 日上午 9 时，殡仪馆工作人员按照张先生生前"回报社会，捐献遗体"的遗愿，将他的遗体送往了宁波卫生职业技术学院供医学研究。

张先生走了，他以最好的方式告别了他所深爱的世界，以最美的形式留在了世间。

（部分史料源自"北仑发布" 2015 年 1 月 31 日 https://mp.weixin.qq.com/s/PqwrXO5axPNDXI2Wk-OfLw；宁波文明网 2014 年 11 月 13 日《宁波：朋友病危不离不弃，义举感动"娘家人"》http://nb.wenming.cn/wmjj/201411/t20141113_2287882.shtml；《东南商报》2014 年 11 月 4 日《一生情一杯酒，朋友不曾孤单过》http://daily.cnnb.com.cn/dnsb/html/2014-11/04/content_809649.htm；《宁波日报》2014 年 10 月 28 日《北仑市民向绝症患者和粥铺纷伸援手，张先生决定身后捐献遗体》http://daily.cnnb.com.cn/nbrb/html/2014-10/28/content_807462.htm）

二十二、"追求生命的宽度和厚度"——夏奶奶

夏奶奶（1936—2013），女，享年 78 岁，逝世后捐献遗体供医学研究。

生活艰难，受到好心人帮助

夏奶奶出身寒门，一生坎坷。到老，生活依旧贫困，而且体弱多病。"如果不是街坊邻居和政府的帮助，我根本活不到现在。"奶奶感叹道。社区居委会工作人员介绍说，夏奶奶和老伴缺乏经济来源，属低保户，每个月有 970 元的低保金，除此之外，夏奶奶和老伴还可以享受由政府购买的居家养

老服务以及各类医疗救助。2006 年，夏奶奶乳腺癌复发，无钱医治，小区居民还自发捐款 4000 多元，帮助夏奶奶一家渡过难关。就连家里看的报纸，也是居委会捐赠的。一切的一切都让夏奶奶和老伴十分感动。

夏奶奶所在的社区进行了一场爱的传递，杨阿姨将 2000 元捐给了白血病患者卓妈妈，卓妈妈不幸去世后，卓妈妈的妹妹卓女士带着由卓妈妈传递过来的 8000 元钱，在社区党委书记徐书记的陪同下，敲开了夏奶奶病房的门。夏奶奶得知这笔钱的来历，紧紧拉着卓女士的手，泪流满面。老伴已经 80 岁了，为了省钱，没有请护工，夏奶奶每天都要从家里赶到医院来照顾。这 8000 元不仅舒缓了夫妻俩的经济压力，同时也让两位老人心中一热。

决定奉献自己回报社会

"虽然年老体弱，也缺乏能力，但回报社会的心愿藏在我心里已经很久了。"夏奶奶说。2010 年她在媒体上看到有关遗体（角膜）捐献的新闻，觉得很有意义，但那时她没有说出来。"一是担心身体不好，怕这把老骨头没有人要；二是不知道儿子心里怎么想。"夏奶奶说，儿子虽然经济拮据，但是个孝子。"第一次，我跟他说起我想捐献遗体的心愿，儿子没有吭声。"夏奶奶说，她知道儿子心里是怎么想的。"我把生死看得很开，我告诉儿子，人死了，身体就是一个空壳，如果能够给别人带来帮助，妈妈会很开心的。"一次不行，就两次；两次不行，就三次。在老人多次和儿子商讨之后，最终，儿子拗不过执着的母亲，点头同意签字。"春节，区领导到家里慰问，我把我的心愿告诉给了他，他很赞同。"2011 年夏奶奶受采访时说道，老伴也很赞同自己的想法，而且打算一起捐献。于是在 2011 年，夫妻二人在区红十字会领到了申请登记表，完成了登记，做了一件平凡却伟大的事。"心愿终于了了，我真的很开心。以前都是别人帮助我，这次终于有机会让我帮助别人了。"夏奶奶愉快地说。登记捐献后她和老伴都特别注意保护视力，希望自己的角膜能给他人带去光明，更希望百年之后自己的遗体能为医学研究提供帮助。

"我们经常在报纸上看到，有些生病需要帮助的人，因为等不到捐献器官得不到救治。我们觉得这个不必要纠结，如果人死了还能帮助别人不是很好吗！另外，时代在进步，眼光也要放远，我们得到别人的帮助，也要尽可能去帮助别人。"爷爷说："我相信，随着时代的进步，以后人们的思想会慢慢转变，到时候大家都会捐献器官，也就不是什么新闻、什么稀罕事了。"

2013 年，夏奶奶去世了。她的遗体无偿捐献给了宁波卫生职业技术学院用于医学研究。"生命的意义不在于长度，而在于它的宽度和厚度。"夏奶奶用亲身经历印证了这句话，为我国医学事业做出了贡献。

（部分史料源自杭州网 2013 年 9 月 27 日《三位重病患者，一场生命传递》https://news.hangzhou.com.cn/zjnews/content/2013-09/27/content_4908918.htm；《宁波日报》2011 年 3 月 16 日《江东幸福苑社区播报：为报答社会长期关爱，古稀夫妇登记捐献遗体》http://daily.cnnb.com.cn/nbrb/html/2011-03/16/content_302613.htm）

PART 5

第五部分

生命教育之生命感悟

第一节 "生命之花"遗体捐献科普宣传志愿服务队

一、团队介绍

"生命之花"遗体捐献科普宣传志愿服务队由来自口腔医学、护理、医学检验技术等18个专业的176名学生和5位指导老师组成。该团队以人体生命科学馆为基地开展参观接待与讲解服务，同时向参观者宣传遗体捐献与角膜捐献的重大意义。此外，依托宁波市红十字会宁波卫生职业技术学院遗体接收站，以遗体捐献志愿申请者为对象，开展敬老爱老、感恩遗体捐献者无私奉献的志愿活动，如为遗体捐献申请者提供血压测量、血糖测量、康复理疗、心理疏导、家庭清洁等服务。同时，采集捐献申请者的生平事迹并整理成册，让他们的感人故事得以传播，以遗体捐献的科学精神与奉献行为感染社会公众。

二、生命感悟

生如夏花之绚烂，逝如秋叶之静美

2020年10月，我们怀着敬畏与感恩的心参加了一场追思会。那时我们穿着军装，顶着烈日，倾听着一位遗体捐献者的家属讲述她父亲的故事。她的父亲就是我们学校的退休教师王德尚老师。王老师是我校病理学教师，多次获得宁波市自然科学优秀论文奖、校先进工作者等荣誉。他坚持医、教、研结合，在临床病理工作一线勤奋工作了 50 余载。2020 年初，王老师因病去世后，他的家属遵照其遗愿，将他的遗体捐献给了学校。王老师的奉献精神让我们深刻地感受到了生命的价值，我们被遗体捐献者的无私大爱深深震撼。从那个时候起，我对遗体捐献有了初步的认识。

大一期间，当我看见"生命之花"社团的学长们进行遗体捐献宣传，为遗体捐献申请者提供健康服务时，心里有了这样的念头：我好想加入他们，像他们一样为遗体捐献宣传工作出一份力。2021 年夏初，"生命之花"社团招募新的成员，我很幸运地加入了这支充满活力的队伍。

2021 年暑假，我与"生命之花"社团的成员们进入社区进行遗体捐献科普宣传。几天的实践活动让我明白，这并非一个简单的工作。宣传活动起步阶段，由于传统观念的桎梏，当我们向社区居民提及"我们是做遗体捐献宣传"的时候，常常会被拒绝，甚至会被冷漠对待，但是我们没有放弃。通过健康宣教、健康体检等服务，我们逐渐拉近了与社区群众的距离。群众也开始乐于了解有关遗体捐献的事情。当时有一位退休老教师给我留下了深刻印象。老人满头银丝，却充满活力、乐观向上。他对我们说："我是肯定要捐的，别人要什么，我就捐什么，这是帮助别人的好事。"他还帮助我们向其他老年人进行宣传，鼓励我们团队要继续将遗体捐献科普做下去。这给了我很大的信心：一定要坚持下去，尽管道路有些曲折，但是终将会有越来越多的人接受遗体捐献。

我们学校接受了许多遗体，他们是教会我们人体解剖学知识的"无语良师"，这是他们在人生最后阶段为医学界做出的巨大贡献。生命是宝贵的，是唯一的，是短暂的，但志愿捐献遗体的人们在生命终结的最后一刻，无私地奉献出自己的躯体，使生命价值得到升华，使生命意义获得永恒。正是因为大体老师有着大爱无疆的精神，我们才能够更好地学习到人体结构的专业知识。他们用自己的身躯架起了我们通往医学殿堂的桥梁，用另一种方式延续着自己的生命。

生如夏花之绚烂，逝如秋叶之静美。遗体捐献是他们在生命的尽头留给世界最后的礼物。我们在学习人体解剖相关课程时，要对"大体老师"心怀敬畏和感恩，努力学习，不辜负"大体老师"们的期望，为人民的卫生健康事业做出自己的贡献。

（"生命之花"社团团长　20级口腔医学专业2班　林桑竹）

无私奉献，大爱无疆

健康中国，是习近平总书记在十九大报告中提出的重要发展战略，人民健康是民族昌盛和国家富强的重要标志。2020年新冠疫情暴发之初，我国对新冠病毒的致病机制并不了解，在对新冠病毒感染病逝患者的遗体开展病理解剖之后，才探明了致病机制，找到了有效的治疗途径与方案，才明确了有效的疫情防控措施。恩格斯说："没有解剖学，就没有医学。"解剖是探明人体结构、寻找疾病原因与机理的根本途径，而解剖尸体的来源主要依靠遗体捐献。

遗体捐献是社会文明进步的象征，是医学教学、科研与临床诊疗的宝贵资源，对移风易俗、殡葬改革和促进我国医学事业的发展有重要的现实意义。对医学生而言，人体解剖是医学必修课，尸体是人体解剖所必需的教具，然而可用于人体解剖课程教学的尸体数量一直处于极度匮乏的状态。对需要器官移植的患者而言，获得捐献的器官，就相当于延续了生命。可在我国，每年捐献的遗体数量非常有限，这与社会公众对遗体捐献的认识和了解不足有关，与传统观念有关。因此，需要进入社区和乡村，大力开展遗体捐献科普与宣传，让社会公众认识到遗体捐献是一项挽救他人生命、服务医学发展、奉献人间大爱的事业，更是崇尚科学的唯物主义生死观，是促进精神文明和社会进步的行为。

2021年7月6日至8日，我们"生命之花"遗体捐献科普宣传志愿服务队的成员前往遗体捐献申请者的家中进行拜访，为老人测量血压、测量血糖、康复理疗、心理疏导，赠送健康保健书籍，宣讲老年保健和基本救护知识等，以此表达对遗体捐献申请者的感谢。同时聆听老人的讲述，展开了一场追寻与追忆之旅，寻忆遗体捐献者的生平事迹，探索高尚的品德与无私奉献的精神是怎样养成的。

在与遗体捐献志愿者相处的过程中，我们社团成员被他们无私奉献的大爱精神所震撼、所感动。正如我们团队的一位成员在她的日记中写道：不是每个人都能做出捐献遗体的决定，有不少捐献志愿者在很多个日夜里，内心在不断斗争。一方面，想完整地进入另一个世界；另一方面，想在这个世界多停留一会儿，为社会和祖国再多做点贡献。生命的逝去，是莫大的失望；而生命的延续，是最大的希望。我们必须接受失望，因为它是有限的；我们不可失去希望，因为它是无穷的。

在"宁波市遗体捐献者"纪念墙上，一位捐献志愿者老人踮起脚，拉起衣袖轻轻拭去遗像上的灰尘。他说："这是我夫人的遗像，她旁边的位置是我的，我已经跟红十字会的工作人员讲过了，等我百年后捐献遗体时要用。我和夫人有一个共识，人走了以后，如果器官还有用，可无条件捐献，这既是为他人造福，也是我生命实实在在的延续。"他们为那些需要移植器官的人留下了一份希望，也为医学研究做出了一份贡献。他们的奉献精神令我们敬佩，他们为社会所做的贡献值得我们称赞，他们的人生价值永远在发光发热。

（"生命之花"社团成员　20级检验专业1班　张以婧）

第二节　"明眸追光"角膜捐献志愿服务队

一、团队介绍

2021年6月4日，在全国爱眼日即将到来之际，"红心向党，明眸追光"——宁波市红十字角膜捐献科普宣教基地成立仪式在宁波市眼科医院举行。浙江省首个角膜捐献科普宣教基地在宁波卫生职业技术学院正式挂牌。未来，角膜捐献科普宣教基地将积极发挥角膜捐献公益形象大使和志愿者服务队的作用，常态化深入医院、社区、敬老院等重要场所，大力开展角膜捐献知识的宣讲普及活动，传递社会正能量，弘扬博爱奉献精神，让更多人加入角膜捐献志愿者行列。"明眸追光"项目，做"亮"社会实践志愿服务工作，2021年共开展志愿服务476场，参与人数10627余人次，受益人数2万余人次。

二、生命感悟

角膜捐献，光明重现

2003年1月1日，宁波市人大常务委员会公布施行《宁波市遗体捐献条例》。宁波市红十字会承担并实施了这项充分体现红十字"人道、博爱、奉献"精神的工作。

2004年10月，宁波卫生职业技术学院成立遗体接收站，积极开展遗体接收工作。2006 年 5 月，接收站接收了第 1 例遗体，截止到 2021 年 12 月，总共接受了 127 位"大体老师"，其中就包括该校退休教师王德尚老师及他的夫人。"大体老师"们为医学教学、手术培训、健康科普做出了巨大贡献。

2010 年，宁波市眼科医院建立了红十字眼库，是浙江省首家市级红十字眼库。目前全市角膜捐献登记近 2000 例，实现捐献 300 余例。

遗体捐献是捐献整个人体，而角膜捐献是捐献人体眼球的局部组织。角膜是眼球最前端的透明薄膜，没有血管，中心厚度约 0.5 毫米，形状如隐形眼镜。健康的角膜是透明的，如果发生意外或病变会令角膜混浊或穿孔，视力就会严重受损，甚至失明，需进行角膜移植手术。

角膜移植手术是利用异体的正常透明角膜组织，取代混浊、病变的角膜组织，使患眼复明或控制角膜病变的眼科重要的复明手术之一。角膜移植手术成功率超过 90%，是迄今为止成功率最高的器官移植手术。

在我国，角膜病是仅次于白内障的第二大致盲眼病，但由于传统观念和政策法规的原因，角膜来源非常匮乏。许多本来可以通过角膜移植手术重见光明的患者，由于没有角膜来源，每天只能在黑暗中度过。宁波市眼科医院等待角膜移植的患者长期保持在 300 人左右。我国等待接受角膜移植的患者约有 400 多万人，但全国各大医院每年完成的全部角膜移植手术仅有 5000 例左右。百万数量级的患者都在苦苦等待着角膜的到来。

目前宁波的角膜接收（登记）单位有：宁波市眼科医院、宁波大学附属人民医院（原鄞州人民医院）。遗体接收（登记）单位有：宁波卫生职业技术学院、宁波大学、浙江大学、杭州师范大学医学院。日常登记主要在各县（市、区）红十字会。

人不能决定生死，却能决定生与死的意义。作为践行"仁爱、健康"校训的一分子，让我们携手推广遗体、角膜捐献，让更多的人加入捐献队伍，用爱去温暖人间，共同推动人民卫生健康事业蓬勃发展。

（宁波卫生职业技术学院医学技术学院基础教研室　任典寰）

捐献眼角膜，大爱行善举

70多岁的王阿婆（化姓）坐在宁波市眼科医院的病床上，不时蒙住右眼，睁着左眼四处张望。几天前，她的左眼做了角膜移植手术，终于恢复了视力。为她捐献角膜的，是宁波市一位医务工作者徐先生。而徐先生捐献的角膜，在同一天，先后让两名患者重见光明！

徐先生出身医学世家，一生从医。不幸被查出重病，得知自己时日不多的徐先生在和妻子商量后，做出了捐献遗体和角膜的决定。捐献遗体有助于培养更多的医学生；捐献角膜则有机会让他人重获光明。徐先生临终还嘱咐妻子：角膜记得要尽快让工作人员来取走。徐先生大爱行善举，他的故事令人动容。

角膜是眼睛前端一层透明薄膜，位于眼球前部，呈横椭圆形，它是人眼的主要构成元素，它像汽车的挡风玻璃一样容易损坏。角膜移植手术是治疗角膜盲唯一的方法。

目前，全球因角膜病致盲的患者约1000万例，我国角膜盲患者超过400万人，而我国每年实施的角膜移植手术仅5000余例，其原因在于供体角膜来源的严重缺乏，许多眼库的新鲜角膜库存量为零。需要角膜移植的患者需同时在几个医院登记，排队等待角膜材料。现在登记的患者，甚至要到三年后才能等到移植手术。

为了增加新鲜角膜的来源，国家和各个医院想了许多方法，但这些努力遭遇到了伦理、道德、法律上的尴尬。受传统的"身体发肤，受之父母，不敢毁伤"和"死留全尸"等观念的影响，许多人不愿意在死后捐献器官，认为即便身故也不能不完整，要保留全尸"入土为安"。虽然近年来捐献人数有所提高，但角膜材料紧缺的状况并未得到大的改善，唯有更多的人加入角膜捐献的行列，才能让因得不到供体角膜材料而长期生活在黑暗之中的角膜患者重现光明。

生活是丰富多彩的，但也是波澜万丈的。生老病死是谁也改变不了的自然规律。我们都是宇宙中的一息一叶，回归自然时带不走一厘一毫。"所有的一切，生不带来，死不带去。我很小的一点奉献对于别人都是莫大的帮助。我希望能有更多的人看到这个世界，去替我看看我来不及看到的那些美好……"一位角膜捐献者在他的遗言中如此写道。

随着社会的进步、遗体捐献知识的宣传普及，会有越来越多的人到当地红十字专门的器官捐献机构进行登记，了解捐献流程，签署捐献协议，等身故以后将自己的器官捐献出去。在网络媒体上，那些身故后捐献器官、遗体的好人、英雄越来越多地出现在人们的视野当中。这些大爱无疆的故事告诉我们：当你停止呼吸之后，你的精神还能闪耀着光辉，照亮他人继续前行。

（宁波卫生职业技术学院医学技术学院学工办　俞影飞）

第三节　"爱心天使"生命关怀志愿服务队

一、团队介绍

"爱心天使"生命关怀志愿服务队自 2007 年 1 月正式创立以来，一直紧扣"关注生命、发挥专长、服务社会"的主线，把职业素质教育和人文精神的培养融入仁爱实践之中，充分体现了爱心传承、关爱生命、育人无痕的高职卫生院校思政教育的理念，为培养高端技能型卫生类应用人才发挥了积极的作用。"爱心天使"生命关怀志愿服务队加入多个临终关怀义工组织，团队的实践活动受到了病人及其家属的一致好评，获得了社会的广泛赞誉，产生了良好的影响力。10 余年来，共组织学生临床志愿服务 2700 多次，服务人数 3.9 万余人，志愿者参与人数达 2.4 万余人。

二、生命感悟

点亮生命最后一盏灯

临终关怀实践主要是对临终病人及其家属所提供的全面的照顾，包括护理、心理和社会等各个方面，最大限度地减少生命垂危者心理上、生理上的痛苦，减轻其家属心理负担，为弥留之际的病人点亮生命最后一盏灯，让他们在生命的黄昏里享受人间最后的尊严和温暖，安详无憾地离去。

相比普通人，医学生其实对死亡没有那么多的忌讳。我们常说"优生"，但却经常忽视"优死"，我觉得死亡应该与出生平等，人死是一个很自然的过程，是每个人都要经历的。很多人，特别是老一辈的人会觉得谈到死亡很"晦气"，不让小孩靠近临终者或逝者。但是换个角度思考问题，人都是会老的，当你躺在病床上奄奄一息时，路过你房间的人说："里面的人要死了，你别进去，晦气！"你会怎么想？为了打破大众对于临终关怀固有思想的限制，我们志愿者一直在行动，我们的力量虽然很渺小，但是星星之火可以燎原，相信未来的某一天，临终关怀"死得有尊严"这一理念将会被大众接受。

我之前遇到过一个早期结肠癌造口术后的阿姨，她只有 38 岁。那天我走进病房，只见她一个人孤零零地坐在病床上，不看手机也不看电视，就那样坐着发呆，我向阿姨打招呼她也没有立刻注意到我。她的状态看起来不好，一看到我就躺下回避，我坐在床旁椅子上向阿姨介绍自己是一名护理专业的学生，周末来做义工，询问阿姨有没有需要帮忙的地方。阿姨一开始并不理睬我，场面有点尴尬，后来从病房外进来一位奶奶，她是阿姨的妈妈。奶奶倒是很快接纳了我，她告诉我，阿姨是早期结肠癌，但是阿姨的肿块距离肛门较近，肿块切除后剩下的肛管不能直接吻合，便做个造口。造口就是人工肛门，开口在腹壁，接一个造口袋收集粪便。我们从有意识开始就知道粪便是从肛门排出，绝大多数人一开始肯定不能接受造口。

我跟奶奶说，造口手术其实是将排泄途径换了，对正常生理功能并没有太大的影响，而且结肠癌术后的造口不一定就是永久的，如果术后体检和复查情况良好，患者康复的话一般 3—6 个月就会将临时造口进行还纳，在这期间，前一两个星期身上可能会有点异味，但是后期进行高质量的造口护理，穿着宽松合适，其实看起来和常人无异，也可以进行游泳、健身。阿姨听到这里便开始与我搭话，原来她一直在因为自己挂袋会被人用异样的眼光看而感到焦虑，听到我这么说便暂时松了口气。我打开手机，找出一些造口袋护理的案例和资料，一一向她介绍，稍微缓解了她焦虑的心情。

医生护士每天病房忙得团团转，做到事无巨细不太容易。这种情况下，我们志愿者倒是一个很好的交流者，这次的专访让我们爱心天使志愿者更加清楚自己在安宁疗护中的角色。临终关怀作为终极的助人艺术，与受苦者同在的深度陪伴，不仅可以创造出有意义的对话，还可以支持失落、恐惧和哀恸的表达，甚至带来完整、希望和平安。同时，陪伴服务过程本身，也是我们深入自我、扩展认知、获得领悟的路途。路途遥远，让我们结伴而行。

（"爱心天使"生命关怀志愿服务队成员　2019级老年护理专业1班　李南星）

生感愉悦，死有尊严

有一位朋友说道：我真的非常害怕死亡，虽然我才17岁，但是每当夜深人静就不禁会想到死亡，我想死亡和睡眠应该是一样的，只不过死亡是再也不会醒过来。睡眠时是黑暗的、空虚的，没有思想，没有感觉，但那仅仅是一时的，如果是死亡，那就是永远的黑暗与空虚，我真的不敢想象死了的样子。

受中国传统文化的影响，人们对"临终""死亡"都有所避讳。人们可以非常痛快地谈论"生"，聊到"死"则是沉重隐晦。我国的死亡教育一直处于缺失状态。正确的死亡教育不是欣赏风景，而是敬畏生命，阅读生命。我们应当正确认识死亡，积极推进安宁疗护。

安宁疗护，是指为疾病终末期或老年患者在临终前提供身体、心理、精神等方面的照料和人文关怀等服务，控制其痛苦和不适症状，提高生命质量，帮助患者安详、有尊严地离世。

我们为什么要安宁疗护？安宁疗护是医学人道主义精神的具体体现。医学人道主义核心是尊重人的价值，安宁疗护致力于科学的心理关怀和精湛的护理手段，最大限度地减轻患者的痛苦，使患者平静地离开人间、死而无憾，使生者（家属）问心无愧。安宁疗护符合辩证唯物主义生死观的要求，认为死亡是生命过程的一部分，是必然的过程。科学技术虽然可以延长人的生命，但无法使人永生。既然人必然要死，就应与优生一样要优死，这是人类文明和时代进步的标志。

安宁疗护能在为病人已经没有治愈希望的前提下，以符合患者本人家庭的适度治疗和护理，使患者临终前能享受到先进的技术服务和医疗理念，最大程度地减轻他们肉体上的痛苦，同时提供心理辅导，减轻其精神上的痛苦，使他们能够在离世时身无痛苦，心无牵挂，毫无恐惧！

我们作为爱心天使生命关怀志愿服务队的成员，通过开展一系列活动，从中了解到许多有关安宁疗护方面的知识，从内心深处理解了生命的含义，懂得了要珍惜生命，也要敬畏生命，明白了我们做志愿者的真正意义。

作为将来会成为医护人员的我们，现如今能够做的，首先就是好好学习。在校期间，认真学习专业知识，加强自身的实操能力，让自己的技术精湛娴熟，为实践做好充足的准备。对待病患，我们要有足够的耐心和热情，从患者的角度出发，给予关心、照顾和安慰。

生如夏花之灿烂，逝如秋叶之静美。有人说，我们终将要与这个世界告别，为何要让肉体和心灵在生命尽头遭受折磨？加大安宁疗护的推广和普及力度，让大家正确认识安宁疗护的积极作用。同时需要政府、医生、患者及家属的共同努力，这样才能让更多患者提高生存质量，生感愉悦，死有尊严，以更好的姿态完美"谢幕"。

（"爱心天使"生命关怀志愿服务队成员　2021 级护理专业 12 班　张竞予）

第四节　"志行吾医"志愿服务项目

一、项目介绍

为深入贯彻落实全国高校思想政治工作会议、全国教育大会精神，落实《高校思想政治工作质量提升工程实施纲要》，坚持立德树人根本任务，扎实推进主题教育，全面提升思想政治引领的针对性、实效性、创新性，宁波卫生职业技术学院医学技术学院在优化学院原有的学生志愿服务团队的基础上，结合各专业特色优势，以践行"仁爱、健康"校训为引领，以医学生专业知识实践为目标，深度融合第三课堂，积极开展主题鲜明、健康有益、富有成效的各类活动，形成融合卫生健康理念、专业人文精神的"志行吾医"特色志愿服务项目。

二、生命感悟

志行吾医，成"救"你我

古人云"死而复生谓之苏"，复苏是对濒临死亡患者的拯救。心脏骤停后，患者立即进入临床死亡状态，只有复苏才能"起死回生"。我国心血管疾病患者越来越多，已成为世界心血管疾病第一大国，身患严重心脏疾病的患者有极大的发生心脏骤停的危险。心肺复苏术是一项"我为人人，人人为我"的抢救技能，学习者学习它并不能挽救自己的生命，但却可以挽救周围其他人的生命，而其他人也是如此。美国心脏骤停抢救成功率近 30%，而我国不到 1%，全民普及心肺复苏术（CPR）迫在眉睫。

2020 年 7 月 12 日，我们顶着炎炎夏日前往鼓楼街道进行 CPR 暑期实践。9 时 30 分左右，我们做好了防暑准备，把需要的垫子、模型摆在指定地点，挂上了横幅，并把需要用到的急救用品都摆放到位。

一开始，路过的人们都只是好奇地在一旁围观，在我们热情的介绍和邀请之下，逐渐有些感兴趣的朋友加入了我们，并在我们的示范下一同体验了心肺复苏和人工呼吸的过程。当天的温度很高，太阳也很大，但是很多叔叔阿姨甚至是小朋友都非常耐心地跟着我们学习，有的还会设身处地地提出一些问题，我们在认真解答之余也觉得非常感动，同时更加明确了 CPR 实践活动的意义。

在学校里，我们以学生的身份学习老师教给我们的急救知识，以求危急情况发生时可以挽救身边人的生命；如今在外，我们以"小老师"的身份把这些传播给缺乏急救知识的人们，以求更大范围地挽救更多有危险、需要急救的人。通过这次活动，我们的力量壮大起来了。一些小朋友可能经过这次CPR 体验活动，对紧急救护有了兴趣或是今后愿意尝试走这条道路，这当然是我们更愿意见到的。

身为宁波卫生职业技术学院的学生，我们始终秉持"仁爱、健康"的校训，在力所能及的范围内，用自己的专业技术去帮助更多的人。活动中最让我印象深刻的就是大家的反馈。以往很多活动与民众的生活关联较少，因此大家难免参与度不高，但急救属于与生命健康息息相关的"必修课"，大家更愿意主动地参与进来。使我们倍感惊喜的是，很多围观群众在活动结束后给予我们"很有用""学会了，很开心""非常感谢你们"诸如此类的反馈，让我们再热再累也觉得值了。

CPR 实践活动把我们在学校学习到的专业知识以一种"生活化"的方式传播出去，非常有意义。今后我也愿意更多地参加这类志愿活动，力所能及地服务大家！我也希望同我们一起学习过 CPR 的市民们，能记住在那个能与艳阳撞个满怀的日子所学的知识，惠己及人。

（"志行吾医"志愿服务队成员 2019 级中药专业 2 班 高晴琪）

有一种健康摆摊叫"CPR"

你知道"CPR"吗？"CPR"是心肺复苏术（Cardiopulmonary Resuscitation）的简称，是针对骤停的心搏和呼吸采取的救命技术。打开社会新闻，经常能看到心脏病、溺水、车祸、高血压、触电等导致心搏骤停的意外发生，一条又一条鲜活的生命被无情夺去。在心搏停止的 4 分钟内，如果正确地施以心肺复苏术，有一半的患者可以复苏。作为医学院校的学生，我们有责任和义务面向全社会做好 CPR 的知识普及和技术培训，为健康宁波的打造出一份力。

心肺复苏作为心搏骤停时最有效的现场急救措施，通过宣传加强人们对它的了解无疑是非常重要的。宁波卫生职业技术学院医学技术学院"志行吾医"志愿服务队借助近年来"地摊经济"的火热趋势，以社区（街道）、机场、地铁站、火车站、景区、商场等公共场所为主要站点进行摆摊设点，向社会普通民众普及、推广 CPR 技术。通过"志行吾医，成'救'你我"活动，尽我们所能进行一些心肺复苏的普及推广，也许哪天就能派上用场，成功挽救回一条生命。

只有亲身体验过急救才明白救人的不容易。心肺复苏术是要重复 5 次的，每次都要按压 30 下，人工呼吸 2 次，按压的深度要在 5～6 厘米，按压的力度每次都要控制好，要按得稍微重点，手臂也要伸直，不然就是无效。这个过程是非常艰辛的，医护人员碰到紧急情况进行急救后都是满头大汗，累得坐在地上起不来。虽然救人的过程非常艰辛，但只要结果是好的，再累也值得。

社会实践当天烈日炎炎，我们的志愿者们有条不紊地进行分工宣传，吸引了不少行人的目光。我也有幸辅导了几位路人，在向他们讲述实操心肺复苏的过程中，不仅增加了他们的急救知识，更让我自己温故知新，对整个操作流程更加熟悉。天气纵然炎热，却丝毫没有减少大家学习的热情，也促使我更用心地传授相关知识。通过此次社会实践，我开阔了视野，增长了知识。参与这种有意义的活动，普及急救知识，让我感受到了自己肩上的责任与担当，在无形中使我对自己有一个更加清晰的定位，增强了我努力学习专业知识的信心。

生命没有贵贱，面对灾难，所有人的生命都需要被拯救。我深刻了解CPR 对一个生命垂危的人是多么重要。但是 CPR 在我国普及的力度远远不够，大众的认识不足，没有一种居安思危的意识，很多人并不会对这种看似不会用到的技术感兴趣，但当不幸遇到这种情况而只能眼睁睁地看着束手无策的时候再悔恨，却早已没有后悔药可吃了。心肺复苏术，从来不只是医生才需要掌握的本领，也许有一天你就能依靠它从死神手中拉回一条命。

（"志行吾医"志愿服务队成员　2019 级口腔医学专业 2 班　周玉倩）

第五节 "大体老师"家属感悟

一、永远的思念

我的妈妈贾玉珍是一位中学语文老师，讲课非常生动，深受她的学生喜爱，一手小楷写得特别漂亮。妈妈善良、豁达、开明，在偏瘫的 17 年中，一直依靠轮椅生活。其间虽然受到病痛的折磨，妈妈一直坚强面对，与病魔抗争，很勇敢，很坚强。其实，爸爸妈妈做出遗体捐献决定并去海曙区红十字会登记，我是不知道的，直到他们拿回了登记表，必须家属签字才跟我表明了他们的心愿。他们认为死后躯体能为这个社会做贡献是非常有意义的一件事。说实话，当时我听后很震惊，我没有想到我的父母是这么的伟大。经过思考，我愿意满足他们的心愿，最后在登记表上签了字。2013 年 7 月 17 日早上，妈妈突然栽倒在地，永远离开了我们。我们尽快联系了登记表上的电话，将遗体捐献给了宁波卫生职业技术学院，完成了妈妈的心愿。之后妈妈的名字刻在了镇海区大同公墓的宁波市遗体捐献纪念陵园的纪念墙上。从那一年开始，每逢妈妈的生日、祭日、清明节、年初一，我们家人都要去那里给妈妈献上鲜花，寄托我们对妈妈的思念之情。

妈妈慈祥的面容每天都在我的脑海里，每天都会陪伴着我，每天进家门我都会对着妈妈的遗像喊一声"妈妈，我回来了"。爸爸妈妈是普通的中学老师，却有这么高的思想觉悟，有这么伟大的举动，对我这个大学教授来说，触动很大。我以我的父母为荣，我也会以他们为榜样，为这个社会做出自己全部的贡献。

（贾玉珍之女：王红珠）

二、以我之言，述尔之心

遗体、器官捐献是一项自愿无偿、大爱奉献的社会公益事业，无论是对于医学教育、疾病研究、救死扶伤，还是对于移风易俗、殡葬改革、节约土地和资源，都有着重要的现实意义，同时也体现了捐献者崇尚科学、挽救生命的崇高精神境界。

我作为捐献者家属，在悲伤的同时也十分骄傲。我的父亲生前只有一个愿望，那就是遗体捐献。如今父亲的名字永久镌刻在纪念碑上，我们全家感到骄傲，我希望将来我的子孙后辈也能为之自豪！

正因为"大体老师"的奉献，才能让医学生得以研习人体结构，才能让初登医学殿堂的医学生们认识第一根神经、第一根动脉……"大体老师"默默奉献的精神，也教会了医学生们懂得感恩。

希望在校医学生们在今后的学习生涯中，认真学习医学知识，并且学以致用，在行医路上珍视生命，关爱病人，不辜负"大体老师"的付出。不负人民，健康所系，性命相托，为祖国医学卫生事业的发展和人类身心健康奋斗终身！

（胡仲华之子：胡迅雷）

三、我们仨

父亲（钟友苗）、母亲（何小琴）和我（钟勇）一家三口来自绍兴上虞一个平凡的小家庭，自我懂事以来，我们就一直生活在宁波，家庭虽小，却充满了温馨。母亲一直随外公做保洁工作，后来父亲也一起做了。父亲一生勤勤恳恳，任劳任怨。他是个很内向的人，基本不与人说话，只知道默默地做好自己的事情，但是他却又是个很热心的人。记得很小的时候，那会儿宁波还有脚蹬三轮车，有天凌晨两三点，我们一家在熟睡中听到一阵吵闹声，透过窗户一看，原来是三个人在打一个三轮车夫，父亲毫不犹豫拿起床底下的水泥刀就冲出去帮忙，嘴里大喊：不准打人。事情虽小，但在我幼小的心灵中却留下极其深刻的印象，彼时的父亲像极了电视中的大侠。父亲从小便教育我要做个顶天立地的男子汉，在我心中父亲就是一座大山。随着年龄越来越大，对父亲的敬佩越来越深，他一次次地见义勇为，主动去抓小偷，即便对方拿着刀也从不退缩。每每听到这些事情，一方面我和母亲会因为担心父亲的安全而责怪他，另一方面，母亲与我都会为父亲感到骄傲。

父亲是个很固执的人，2014 年冬至那天，父亲骑三轮车时被公交车撞了，撞断了五根肋骨，他住院住了 13 天就出院了，出院一到家居然要去干活，母亲和我都极力反对，苦口婆心跟他说不能做，而且公交公司会赔误工费的。那会宁波市最低工资 1310 块，父亲的工资就是 1310 块，我跟他说你多休息几个月也是拿这些钱，干活也是拿这些钱，不多拿一分钱的，他却说"我没事了"，然后就边笑边拿起扫把去小区打扫卫生了。我一直都知道父亲最大的心愿就是早点抱到孙子孙女，所以我结婚时父亲很开心，结婚那天我就跟父亲说："爸爸，你等着，马上让你抱到孙子孙女。"可是结婚后没多久，父亲却被检查出鼻咽癌，无奈之下，我妻子辞掉工作在医院照顾父亲整整三个月。父亲在生病前每天最起码要拉单杠 34 次，最多 42 次，化疗后父亲一夜之间掉光了头发，也失去了力气，做过化疗的人都知道那段日子是很痛苦的，可是出院后父亲却说："这是我一辈子最幸福的三个月……"我知道为什么他会这么说，一方面因为我妻子陪他说话，有人愿意听他讲小时候的苦日子，最主要的一方面是有很多认识的、不认识的热心人都来医院看望他，他感到从来没有这么被关注过。他对我们说："社会上这么多人关心我，我很感动，我也没做什么事，也没什么好回报社会的，看看我的遗体如果还能帮助到别人的话，就捐给社会吧。"

我们一家也支持的，这也是父亲的心愿，他在去世后还能帮助到别人。

父亲去世没给我留下什么财物，或许只有他老花镜盒子里的七十块钱吧，但其实父亲给我留下了很多，他教会我怎么做个真正的男人，他为我留下的精神财富是任何物质都无法替代的。我也会一直这样教育我的孩子，我们一家都以父亲为荣。

（钟友苗之子：钟勇）

四、给宁波卫生职业技术学院学子的一封信

亲爱的同学们：

你们好，我是贵院"大体老师"邱中华的家属，很欣慰，父亲的遗愿能够为贵院做出点滴贡献，遗体捐献者的事迹能为贵校所珍视。作为家属，也感恩于学校师生对大爱无疆事业的宣传。

父亲在弥留之际，对生命的依依不舍，我至今历历在目。他曾感叹：虽然因为现在的医疗水平有限，他的病不能被治愈，但是身体的其他部分依然有着旺盛的工作力，希望"它们"能够继续发挥力量，给需要的人和事业带来帮助。父亲对生活有着太多的美好愿望还未来得及实现，留下的深深遗憾都寄托在了遗愿中……你们即将从事的是关乎人类幸福生活的事业，因为人类所有的幸福都是建立在健康的体魄之上，医生是健康的守护者。相信每一位"大体老师"在立下遗愿的时候，都渴盼着你们在医学上努力钻研、潜心学习。希望你们能够学有所用，学有所成，学有所为，以神圣的医生职责、智慧和才能造福更多的人，以仁心仁术让更多的生命获得希望！

（邱中华之女）

五、我的父亲

虽然亲爱的爸爸已经离开我们6年有余，但是他决定捐献遗体和角膜的场景依然历历在目。离世前几天他已不能说话，但他几次做出打电话的手

势，一再提醒我们不要忘了通知红十字会。作为子女，我们很不忍心他这样做。我想，没有一个子女面对刚刚离世的亲人被摘去眼球、不能马上入土为安而不动容。我们作为子女虽然心痛，但还是尊重他的决定，让他这个平凡的父亲完成他最后不平凡的举动。他将永远活在我们的心里，我们永远爱他。

（陈柏林之女：陈炼佳）

六、一个爱笑的人

感谢你们为捐献者宣传他们的事迹。我爱人离开将近 5 年了，她的愿望也实现了，儿子也已成婚。我每年都到九龙湖纪念碑去看望她 3 次，这是我们的约定，直至永远。我是一个普通的人，千言万语无法表达出来，失去爱人，人生悲剧。有时回忆，仿佛就在昨天，悲从心来。

"阿宝，你和我都是平凡的人，但你很伟大，生时不曾轰轰烈烈，远去的身影却美丽灿烂。

你是一个爱笑的人，病痛的折磨、生活的苦难，你把它当人生经历，能乐观地对待。

你是一个有大爱的人，生命最后愿奉献自己，明亮的眼睛给患者带去了光明。你愿粉身碎骨献身医学，为更多的患者带来福音。

你虽已离开，但并未走远。在我心中、梦里时时现身。你说我们是一列火车上的两个人，你已下车会等我，定能佑着我们。

你是一个高尚的人，你的善举，我们的家人都念念不忘，以你为荣，你将永远永远活在我们的心里，你会永存人间。"

（崔宝秀家属）

七、家属的支持和尊重

遗体捐献需要很大的勇气，是坚守着用微薄的身躯再为国家和社会尽最后一份力的信念所做出的决定。大家可能经常捐书、捐款、献血，捐献遗体也属于同类事项，只不过需要更大的勇气。尽管如此，还是有越来越多的人在参与这项事业。每年的大年初一，我们去扫墓祭奠，遗体捐献墙上的成员在不断增加，从最早的三三两两到现在的好几堵墙，他们是跨越年龄、性别、职业的同行者，我很崇敬他们。

世上没有什么比"求而得之"更为欣喜。作为家属，我们希望实现长者的愿望，支持他为国家医学科学事业出一份力。同时，我们也希望别人能像我们家属一样尊敬他、爱护他，帮助他实现他的遗愿。

（王德溥家属）

八、感谢

（"大体老师"徐海荣生前的捐献事宜和入院治疗均由罗群耀女士和徐海荣的同学操办，罗女士希望徐海荣去世时家人能在其身边令其有慰藉感，于是将他的家属从老家接至宁波陪伴徐海荣，直至去世。这篇家属感悟为徐海荣哥哥所写。）

您好，我也不知道好心人是谁。由于我 2014 年 8 月才来宁波，关于徐海荣的有些事我也不是很清楚。是有位好心人罗群耀女士在忙前忙后的，如果没有罗老师，海荣也撑不到 9 月 30 日，我想在此特别感谢罗老师和徐海荣的同学，还有社会各界的爱心人士，向你们说声谢谢！

（徐海荣家属）

九、我的外婆

叫一声外婆，我亲爱的外婆，我用纸和笔再次与您隔空感应。在如今科技发达的时代里，宁波卫生职业技术学院的阮老师与我沟通用电子版的方式写一封感悟信。但我依旧想用这种老式的方式（纸和笔），因外婆您经常用这样的方式记录您生活中的琐事，并用这样的方式传递着情感。

外婆，虽说我与您相处仅仅4年，但您的言行却影响了我的后半生，作为"70后"的我们，骨子里对于所谓的"舍小家，为大家"的奉献精神有感触的极少极少。但同您相处的几年里，我们也慢慢地被渗透并且参与了您的这种精神，并存着感恩。您口中经常挂念的"国家养育了您，您要拿一生回报"，以至于自己的遗体也无偿地捐献于医疗事业。作为后辈的我，将接过您手中的接力棒，继续传承下去！

在此，我也代表我的外婆及家人们，感谢院方的这次活动，将我的外婆称为"无语良师"，深深地感谢！

（陈明意之外孙女：宋雪华）

十、我的父亲母亲

父母离世，特别是父亲的离去，对我来说一直是感觉太突然，难以接受。感谢宁波卫生职业技术学院，在新冠疫情期间，排除困难，帮父亲完成遗愿！特别是当我们参观了"人体生命科学馆"以后，更感恩父母的做法，他们以自己的身体践行了对医学的热爱和奉献，愿意为医学事业付出自己的全部，同时他们又是以另一种方式在告诉我们，他们还活着！这对我们也是一个极大的安慰。

感谢宁波卫生职业技术学院！

（施福华、王德尚之女：王菁）

参考文献

[1] 蔡荔 . 大学生生命教育研究 [D]. 中南民族大学，2008.

[2] 陈广宏 . 初中化学教学中实施生命教育的研究 [D]. 山东师范大学，2008.

[3] 陈赛 . 学会幸福 [J]. 青年文学家，2017(13):37-38.

[4] 陈树恒 . 浅析青少年良好个性心理品质在创造力开发中的作用 [J]. 上海青少年研究，1985(4):22-24+15.

[5] 陈显英 . 领导心理学 [M]. 北京：企业管理出版社，2009.

[6] 陈小红 . 生命教育是大学通识教育的题中之义 [J]. 南方职业教育学刊，2016，6(3):7.

[7] 陈艺丰 . 幼儿园教师生命态度的调查研究 [D]. 华东师范大学，2016.

[8] 陈云亮 . 大学生生命教育研究 [D]. 安徽工业大学，2012.

[9] 褚惠萍 . 大学生生命教育的理论与实践 [M]. 南京：南京师范大学出版社，2015.

[10] 褚惠萍 . 当代大学生生命教育研究 [D]. 南京师范大学，2014.

[11] 崔淑慧 . 文化视阈下的青少年生命教育研究 [D]. 河南大学，2017.

[12] 但艳芳 . 武汉体育学院学生生命教育理论与实践研究 [D]. 武汉体育学院，2006.

[13] 狄尔泰 . 狄尔泰全集（第 19 卷)[M]. 德国：柏林出版社，1936.

[14] 冯红静 . 对美国学校体育教学的研究 [D]. 北京体育大学，2016.

[15] 冯建军 . 生命教育论纲 [J]. 湖南师范大学教育科学学报，2004，3(5):8.

[16] 冯克诚 . 霍华德·加德纳与多元智能理论：多元智能理论的原理、结构和教育学意义 [M]. 北京：学苑音像出版社，2004.

[17] 付粉鸽，同雪丽 . 道家生命哲学对生命教育的启迪 [J]. 教育评论，2011（3）: 4.

[18] 宫宇强，王正 . 生态文明教育在高校中的实践策略研究 [J]. 民族高等教育研究，2018，6(4):21-24.

[19] 龚玉. 江阴市高中生命教育研究 [D]. 苏州大学, 2009.

[20] 谷祈龙. 实施生命教育的必要性及路径 [J]. 青年时代, 2020.

[21] 顾凡, 李肖彤. 大学生生命教育研究综述 [J]. 新西部 (理论版), 2014 (20): 128-129.

[22] 顾建国. 农趣·野趣·乐趣: 青少年 "三趣" 体验教育理论与实践 [M]. 上海: 上海大学出版社, 2005.

[23] 郭照江. 从恩格斯的生命定义到现代生命科学 [J]. 西安交通大学学报 (医学版), 1984(2):235-236.

[24] 韩凤霞. 试析当代大学生生命教育的重塑与构建 [J]. 辽宁医学院学报 (社会科学版), 2014, 12(4):4.

[25] 韩震. "人不能两次踏进同一条河流" 新探 [J]. 人文杂志, 1992(6):2.

[26] 何转梅. 高中生物教学中进行生命教育的实践研究 [D]. 西北师范大学, 2015.

[27] 侯亚彬. 论青少年自主选择性道德人格的培育 [D]. 河南大学, 2006.

[28] 胡慧娟. 大学生生命教育研究 [D]. 湖南农业大学, 2011.

[29] 胡菁. 生命教育视野下对中学德育的反思与探索 [D]. 江西师范大学, 2009.

[30] 胡蓉. 浅论教育中学生的生命权利 [J]. 当代教育论坛, 2008(5).

[31] 黄俊毅. 生涯规划: 探索与管理 [M]. 大连: 大连理工大学出版社, 2015.

[32] 黄渊基. 生命教育的缘起和演进 [J]. 求索, 2014(8):172-177.

[33] 蹇轶. 生命视阈中的学校教育——让生命焕发灵动 [J]. 黑龙江教育学院学报, 2008(7):15-17.

[34] 蒋强军, 梁文慧, 林莉, 等. 论高等学校开展大学生生命教育的价值 [J]. 沈阳农业大学学报 (社会科学版), 2011, 13(3):3.

[35] 蒋少容. 当代大学生生命价值教育研究 [D]. 上海大学, 2017.

[36] 解筱杉. 中学道德教育中的生命关怀 [D]. 西南大学, 2006.

[37] 康俊美. 多渠道激发兴趣促进主动习作 [J]. 福建教学研究, 2008(9):2.

[38] 康连凤. 高中生物教学中情感教育的应用研究 [D]. 华东师范大学, 2006.

[39] 李放滔. 对体验教育的认识 [J]. 教育导刊，2004，24(15):44-44.

[40] 李海亮. 初中思想品德课生命教育研究 [D]. 山东师范大学，2014.

[41] 李建红. 生态道德教育——生态文明新形势下青少年德育的新课题 [J]. 课程·教材·教法，2011(7):6.

[42] 李江. 论硕士研究生创新能力的培养 [J]. 技术经济，2003 (5):7-8.

[43] 李晶. 大学新生适应教育：内蒙古工业大学新生入学教育专用教材（第2版）[M]. 北京：北京理工大学出版社，2013.

[44] 李柯柯，扈中平. 教育中"身体"的解放与自由 [J]. 教育研究与实验，2015(1):6.

[45] 李卯. 性—道—教：《中庸》的生命教育思想研究 [D]. 湖南师范大学，2014.

[46] 李政涛. 生命自觉与教育学自觉 [J]. 教育研究，2010(4):7.

[47] 刘济良. 生命教育论 [M]. 北京：中国社会科学出版社，2004.

[48] 刘婷. 高校大学生生命教育实效性研究 [D]. 武汉纺织大学，2013.

[49] 刘云. 县域小学教师微信教学信息共享动机研究 [D]. 河北大学，2021.

[50] 罗健. 关于高职学生德育课程学习现状的调查分析 [J]. 常州市广播电视大学学苑，2009(3):4.

[51] 马文杰，李三平. 论"生命教育"的基本特征 [J]. 中小学心理健康教育，2016(3):4.

[52] 孟媛媛. 当代大学生生命教育问题探析 [D]. 山东师范大学，2019.

[53] 南志涛. 台湾生命教育探究 [D]. 河南大学，2007.

[54] 潘玉芹. 当代大学生生命道德教育研究 [D]. 南京林业大学，2007.

[55] 瞿红华. 生命化教育视阈下高中数学课堂教学模式研究 [D]. 湖南师范大学，2011.

[56] 让 - 保尔·萨特. 存在与虚无 [M]. 陈宣良等译. 北京：生活·读书·新知三联书店，1987.

[57] 沈从文. 生命 [J]. 中文自修，2021(Z1):111-112.

[58] 宋丽丽. 论马克思劳动时间界限理论对改善我国体面劳动状态的启示 [D].

内蒙古大学，2015.

[59] 宋璐璐．初中思想品德课生命教育研究 [D]．上海师范大学，2018.

[60] 苏旭东．具身认知视角下华裔新生代青少年寻根之旅 [J]．集美大学学报（教育科学版），2018，19(5):5.

[61] 孙雷，刘延勇，赵增义．水利科学发展纵横谈 [J]．科协论坛：下半月，2008(1):1.

[62] 孙卫华，许庆豫．生命教育研究进展述评 [J]．中国教育学刊，2017(3)：72-78.

[63] 唐兴唐，闫萍．感动教育的无穷魅力——兼评王为常老师感恩教育的实践 [J]．学校党建与思想教育（下半月），2008(6):74-75.

[64] 田小龙．建筑伦理学视野中的现代居所建构 [D]．湖南大学，2014.

[65] 涂翠平，张兰鸽，王培．大学生生命教育的挑战、内容建构与途径探索 [J]．北京教育（德育），2021(4):71-75.

[66] 汪小莎．传统医德思想融入医学生社会主义核心价值观培育的四个维度 [J]．卫生职业教育，2018，36(4):139-141.

[67] 王超．比较德育学 [M]．武汉：湖北人民出版社，2005.

[68] 王海燕．七年级生物科技活动系列方案开发的实践探索 [D]．河北师范大学，2014.

[69] 王金龙．生命教育理念下的高校体育与健康教育 [J]．航海教育研究，2009，26(4)：3.

[70] 王静．先秦儒家生命教育思想探究 [D]．中国海洋大学，2013.

[71] 王柳青．德育视野下大学生的生命教育研究 [D]．广西大学，2008.

[72] 王明洲．新生命教育的哲学思考 [D]．苏州大学，2007.

[73] 王楠．梁漱溟"自觉教育"改革的主张与实践 [J]．江苏教育研究，2014.

[74] 王鹏，张敏．大学生生命教育的现状和途径研究 [J]．出国与就业：就业教育，2012(6):2.

[75] 王瑞．大学生生命教育的内涵、困境与实践途径 [J]．黑龙江生态工程职业学

院学报，2021(9):119-121.

[76] 王文. 基于 WEB 的青少年生命教育平台的设计与实现 [D]. 曲阜师范大学，2010.

[77] 王小珍，邓庆平. 生命教育的"身份"问题——试论生命教育在教育体系中的应有地位 [J]. 思想理论教育，2008(8):4.

[78] 王晓虹. 试论大学生生命教育的目标及主要内容 [J]. 西部法学评论，2005(4):133-136.

[79] 王叶青. 关于大学生俭德教育的思考 [J]. 科教导刊，2012(34):2.

[80] 王羽. 体育教学世界的生命回归探索 [D]. 东北师范大学，2008.

[81] 闻博宇. 论生命视角下的中学语文课外阅读教学 [D]. 东北师范大学，2011.

[82] 肖川，曹专. 生命教育 20 年：回顾与反思 [J]. 今日教育，2020(7):8.

[83] 肖川，朱咸丽. 人的生命特征与生命教育 [J]. 当代教育理论与实践，2021，13(6):115-120.

[84] 肖忠华. 日本中小学安全教育的经验与启示 [D]. 湖南师范大学，2016.

[85] 邢修三. 试论生命的定义 [J]. 科技导报，2018,36(3):32-35.

[86] 徐燕敏. 当代我国青少年生命教育研究 [D]. 湘潭大学，2011.

[87] 徐志勤. 高校教师心理健康问题研究 [D]. 扬州大学，2007.

[88] 许静. 伊壁鸠鲁的幸福观及其现实启示 [J]. 现代交际，2019(8):3.

[89] 许若兰，郭朝辉. 论生命教育的缺失与构建——和谐社会呼唤生命教育 [J]. 成都理工大学学报（社会科学版），2007，15(3):60-63.

[90] 许世平. 生命教育及层次分析 [J]. 中国教育学刊，2002(4):7-10.

[91] 薛公忱. 论医中儒道佛 [M]. 北京：中医古籍出版社，1999.

[92] 闫蒙钢. 生态教育的探索之旅 [M]. 芜湖：安徽师范大学出版社，2013.

[93] 叶华松. 大学生生命教育 [M]. 杭州：浙江大学出版社，2011.

[94] 叶丽琳. 发现，让教育走向和谐 [J]. 中国教师，2016(7):5.

[95] 殷文杰. 生存论视角下的当代师德建设 [J]. 现代中小学教育，2013(12):4.

[96] 于江波. 当代大学生生命教育研究 [D]. 辽宁医学院，2015.

[97] 余琦 . 公共管理视角下重庆市农村中小学校园霸凌问题研究 [D]. 重庆大学，2017.

[98] 袁贵仁 . 马克思的人学思想 [M]. 北京：北京师范大学出版社，1996.

[99] 张德永，王耀发 . 生命的分子行为与化学进化 [J]. 化学通报，1980(2):50-54.

[100] 张海燕 . 当代大学生生命教育研究 [D]. 西北师范大学，2014.

[101] 张玲 . 高职高专艺术类学生大学英语学习兴趣的培养 [J]. 时代教育，2015(5):2.

[102] 张美云 . 生命教育的理论与实践探究 [D]. 华东师范大学，2006.

[103] 张苗苗 . 基于责任伦理的大学生生命教育研究 [D]. 河南师范大学，2019.

[104] 张星光 . 生命教育视野下的乒乓球教学理论研究与实践探索 [D]. 成都体育学院，2015.

[105] 张旭东 . 大学生生命教育模式研究 [M]. 北京：中国科学技术出版社，2008.

[106] 赵文平 . 论回归生活世界的教学 [J]. 天津师范大学学报（基础教育版），2006，7(4):4.

[107] 郑晓江 . 生命教育的概念、内容和原则 [J]. 中国德育，2007，2(3):3.

[108] 钟义珍 . 基于"死本能"理论的死亡教育研究 [D]. 西南大学，2011.

[109] 周晓玮 . 中职护生人文关怀能力培养研究 [D]. 广州大学，2018.

[110] 周杨林，周扬清 . 生命教育的维度 [J]. 长沙大学学报，2012，26(4):4.

[111] 周永娜 . 先秦儒家生命教育思想对大学生生命教育的价值探究 [D]. 华东师范大学，2015.

[112] 朱俊林 . 当代生命价值观教育研究 [D]. 湖南师范大学，2013.

[116] 朱训，雷新华，欧强 . 阶梯式发展与生命进化 [J]. 自然辩证法研究，2013:29(8):74-80.

[117] 左雯霞 . 幼儿教师生命教育观研究 [D]. 西南大学，2008.